TERAPIA de GRUPO
Manual de Orientación Gestáltica

Registro de Propiedad Intelectual Nº 202.398
ISBN: 978-956-242-118-8

1ª edición, 2011
2ª edición, 2012
3ª edición, 2014
4ª edición, 2016

Coordinación editorial: Francisco Huneeus
Diseño de portada: Mario Albarracín
Edición y producción digital: Héctor Peña

Editorial Cuatro Vientos
Maturana 19, CP 8340608, Santiago de Chile
Teléfonos: (56-2) 2672 9226 – 2695 4477
editorial@cuatrovientos.cl

Terapia de Grupo

Manual de Orientación Gestáltica

Marina Varas

Editorial Cuatro Vientos
www.cuatrovientos.cl

Contenidos

A mi hermano Lucho
Por darme la posibilidad de acompañarte hasta el final
...sigues estando conmigo.

Agradecimientos

Deseo agradecer a mi madre Adriana Schnake (Nana) y a Pancho Huneeus, de quienes aprendí la Gestalt y el trabajo con los grupos terapéuticos. A mi esposo, Antonio Martínez, por compartir conmigo el amor, la dedicación a la Gestalt y la corrección de este libro. A los profesores del Centro de Gestalt, José Gengler, Patricia Amaro, Alba Salas y Gabriel Traverso, con quienes hemos compartido todos estos 16 años de Gestalt, de trabajo en conjunto, de terapias y supervisiones, de penas y risas, y sobre todo, de profunda amistad. A mis coterapeutas de grupos: Pepe, Toni, Alba, Pato, Gabriel y Marcela, con los que fui aprendiendo y adquirí experiencia. A los alumnos, aquellos que siguen año a año, a los que se han ido, a todos los que me han apoyado y que han participado de mis grupos. A los pacientes que han confiado en mí, han sido testigos de los trabajos realizados y, por sobre todo, me han permitido transcribir sus historias. A mis editores, Francisco Huneeus y Héctor Peña, por la dedicación y el trabajo realizado. A mis hijos, que siempre han estado presentes y son parte de esta gran familia que es la Gestalt.

Introducción

Desde el *boom* de la terapia grupal entre los años 50 y 70, sobre todo después de la Segunda Guerra Mundial, en que los hospitales de Estados Unidos e Inglaterra estaban atestados de pacientes psiquiátricos, surge la necesidad de atender en forma grupal, como solución a una demanda masiva. Es ahí cuando la terapia grupal comienza a tener su apogeo, y desde todas las corrientes, los terapeutas se esfuerzan por adaptar lo individual a lo grupal. Entonces, en Estados Unidos aparece la Terapia Gestalt que, junto al Análisis Transaccional, serán las únicas terapias nacidas desde el contexto grupal propiamente tal y lograrán extenderse por muchos países en el mundo.

Actualmente, la terapia grupal ha vuelto lentamente a ser reemplazada por la terapia individual. Y cada vez más, durante estos últimos años, la terapia grupal ha sido relegada a ámbitos específicos como los grupos de trabajo, grupos de alcohólicos, de adicciones, de psicóticos, etc. La terapia individual gestáltica es considerada hoy en día uno de los modelos más eficientes dentro de las diversas corrientes de la Psicología. Es sorprendente que la Psicoterapia Gestalt, que se difundió gracias a los grupos y al énfasis que puso en ellos su creador, Fritz Perls, también haya reducido notablemente su influencia en el trabajo con grupos terapéuticos.

Este hecho no nos sorprende, ya que la situación política en América del Sur, especialmente en Argentina y en Chile, en la década del setenta hacía peligrosa la formación de grupos. Las dictaduras, al combatir la solidaridad humana, no permitían los grupos y mucho menos la posibilidad de acuerdos, aceptación o comprensión entre enemigos o personas pertenecientes a grupos sociales o políticos opuestos. Pasadas las dictaduras, los grupos fueron recobrando su prestigio; sin embargo, no han logrado el crecimiento y difusión que la Terapia Gestalt auguraba.

Con la intención de promover y facilitar el trabajo grupal en Gestalt, es que ha surgido la idea de este Manual, dirigido especialmente a los terapeutas que se inician en la psicoterapia, ofreciendo un cuerpo teórico y un quehacer práctico que los invita a trabajar con grupos.

En la Terapia Gestalt, la madurez del organismo se define como transición del apoyo ambiental al autoapoyo o autosoporte. Para Perls (1997), "La situación de terapia debiera ser una oportunidad para que la persona desarrolle su capacidad de autoapoyo".

En el presente Manual se verá cómo la situación grupal favorece el darse cuenta y permite modificar conductas y aspectos caracterológicos en las personas. Y así, tal como Perls lo planteara en un inicio, el grupo terapéutico ha sido especialmente utilizado con este propósito; es decir, es el espacio, escenario y situación, que propicia con mayor eficacia la oportunidad para que los participantes desarrollen su capacidad de autoapoyo, identificándose con lo que se es, con su propia condición humana, reconociendo su potencial, reconociendo su experiencia actual, su conducta y su situación ambiental. ¿Qué mejor para ello que un ambiente controlado, cuidador del mismo, que le permita ser el que es, frente a otros? Este espacio puede brindarlo el grupo terapéutico.

Estos grupos se iniciaron tanto en Chile como en Argentina, muchas veces, con los llamados "Laboratorios", que eran grupos intensivos de Terapia Gestalt, que duraban 3 días, donde no se seleccionaba a los participantes y se trabajaba fuertemente la paranoia y desconfianza, y especialmente las situaciones inconclusas que surgían en la sesión. En este sentido, eran verdaderos laboratorios, ya que no había ninguna planificación y los ejercicios que se realizaban dependían de las situaciones que se creaban. Eran verdaderamente experimentales y, a diferencia de los grupos actuales, en ellos no se hacía un trabajo continuado para modificar lo caracterológico.

Hoy en día, es primordial en los grupos terapéuticos, modificar lo caracterológico en pro de un organismo sano, que sea capaz de usar adecuadamente su capacidad de autorregulación organísmica, para restablecer su equilibrio en el medio.

Para Perls (1989), un organismo sano es aquel que se encuentra en contacto consigo mismo y con la realidad. Por su parte, Latner (1994) sostenía que se debe vivir en una inserción creativa con el mundo exterior, y en relación armoniosa con el ambiente del que se forma parte. Por tanto, qué mejor que vivir este proceso en un grupo terapéutico que refleja la realidad y la reproduce en pequeña escala. Cada persona del grupo, en el transcurso de la experiencia, comienza a interactuar con otros miembros de la misma forma que lo hace fuera del grupo, reproduciéndose el comportamiento social de cada individuo, creándose en el interior del grupo, el mismo mundo interpersonal que hay en el exterior.

En esta interacción con otras partes del ambiente, otras personas y objetos, ser capaz de permanecer en marcha, a pesar de los obstáculos, y buscar soluciones satisfactorias: eso es salud. Porque, como dice Latner (1994), "la vida sana es un proceso de adaptaciones creadoras".

El presente trabajo describe un modo de intervención gestáltica grupal, que aporta los elementos teóricos y prácticos necesarios para facilitar el manejo y conducción de un grupo terapéutico, y da cuenta, a través de los casos presentados, el cómo la persona se aproxima cada vez más a una mayor comprensión y darse cuenta de su problemática; pero, sobre todo, se encamina hacia el propio autoapoyo, objetivo último de la Psicoterapia Gestalt.

Espero sinceramente y con toda humildad, que este manual pueda ser útil a los terapeutas gestálticos que se inician en la psicoterapia de grupo. Aquí encontrarán los aspectos básicos de la dinámica y manejo de grupo, sus dificultades y, sobre todo, intervenciones posibles para facilitar esta labor, con mayor confianza, y con la seguridad de que el grupo se crea entre todos.

El grupo terapéutico es un espacio de magia entre los participantes y el coordinador, un espacio de una riqueza indescriptible, único e irrepetible. Los pacientes suelen atribuirle esta magia al terapeuta... sin embargo, sabemos que esta magia la produce el grupo y es en conjunto que se logra este encuentro tan verdadero y especial entre todos. Así, el grupo va tomando cada vez más cuerpo y cada vez será un espacio de mayor contención para sus participantes, donde ellos podrán apreciar y sentir en sí mismos que tienen la posibilidad de mostrar y abrir temores ocultos, que jamás antes pudieron develar.

Como podrán apreciar a lo largo de la obra, intento mostrar casos prácticos, que incluyen intervenciones tanto grupales como individuales, como así también intervenciones que facilitan el manejo y conducción de un grupo. En las páginas que siguen, he intentado transmitir con todo cariño y amor lo que es un grupo; ese encuentro, profundo, verdadero y honesto, por el cual semana a semana, me complazco en la idea de que realmente vale la pena ser coordinadora de grupos terapéuticos, y espero con toda sinceridad, que pueda ser útil a aquellos que comienzan en esta hermosa labor.

Capítulo I

Terapia Gestalt

1. Los comienzos: Fritz Perls

Frederick S. Perls (1893-1970), Neuropsiquiatra y Psicoanalista, nació en 1893 y comenzó su carrera psicoanalítica en Berlín y Viena, donde se relacionó con la escuela freudiana y con la Psicología de la Gestalt. Perls consideraba que los descubrimientos de Freud eran de gran valor, pero que los aspectos filosóficos y técnicos de su terapia estaban algo obsoletos. En 1942 publica su libro *Ego, Hambre y Agresión*[1], como un aporte al psicoanálisis. En él aparece la primera aplicación de los principios de la Psicología de la Gestalt al desarrollo y crecimiento de la persona. En éste postula:

1. Reemplazar el concepto psicológico por un concepto organicista.
2. Reemplazar la psicología de la asociación por la psicología de la Gestalt.
3. Aplicar el pensamiento diferencial, basado en la "indiferencia creativa" de Friedlaender.

[1] La versión en castellano fue publicada por Fondo de Cultura Económica, México, 1975.

Perls dice:

> "Se ha avanzado mucho desde el tiempo de los enormes descubrimientos de Freud. Para señalar algo de lo más importante: la acentuación de la autoestima por Sullivan; el concepto de Berne del juego, el de Rogers de la retroalimentación y especialmente el hecho de que Reich trajera a la tierra la psicología de las resistencias. Muy prometedor es el desarrollo desde el síntoma, el carácter y la terapia existencial hasta llegar a la Psicología Humanista. Son buenos inicios, pero aún queda mucho por hacer. La probabilidad de que la terapia individual y la terapia de largo plazo puedan ser ambas obsoletas no ha sido aún aceptada por la gran mayoría de los terapeutas y pacientes" (Perls, 1975, p. 9).

Perls declaró obsoleta la terapia individual, pues consideraba que la terapia de grupo era la más eficiente de las terapias:

> "La terapia de grupo nos dice: 'Yo soy más económica que la terapia individual'. La terapia individual contesta: 'Sí, pero tú eres menos eficiente'. Y la terapia de grupo responde: 'Pero ¿quién dice que tú eres eficiente?'... Durante un tiempo traté de solucionar este conflicto en la terapia gestáltica pidiéndole a mis pacientes que tuvieran ambas: terapia de grupo e individual. Sin embargo, posteriormente he eliminado por completo las sesiones individuales, excepto en casos de emergencia. En realidad, he llegado a considerar que toda terapia individual está obsoleta y debería ser reemplazada por talleres de terapia gestáltica. Ahora, en mis talleres integro trabajo individual y de grupo. Sin embargo, esta integración resulta efectiva sólo si se produce un encuentro real entre el terapeuta y el paciente individual dentro del grupo" (Perls, 1993, p. 21).

A Perls, en definitiva, lo que le interesaba era el "crecimiento" de los individuos, entendido como superación del *impasse*. Encontraba que éste se favorecía por el contexto grupal en oposición al contexto exclusivo de la terapia individual. Nos dice:

> "En la situación de grupo ocurre algo que no resulta posible en la entrevista privada. Para todo el grupo es obvio que la persona angustiada no ve lo obvio, no ve la forma de salir del *impasse*, no ve (por ejemplo) que la mayor parte de su sufrimiento es pura imaginación. Frente a esta convicción colectiva del grupo, el paciente no puede usar su habitual conducta fóbica, consistente en renegar al terapeuta cuando no logra manipularlo. De alguna manera, la confianza en el grupo parece ser mayor que la confianza en el terapeuta, a pesar de toda la así llamada confianza transferencial" (Perls, 1993, p. 25).

La energía y la fuerza que emana de los grupos es poderosa y hace difícil mantener las defensas neuróticas más habituales, en un grupo donde todos están dispuestos a mostrarse mucho más verdaderos. Las máscaras que usamos en los roles sociales más habituales quedan rápidamente en evidencia. Por tanto, al paciente le resulta más fácil aceptar lo obvio y salir de su *impasse*, al sentir el apoyo y confianza del grupo.

> "En mi taller gestáltico, cualquiera que sienta el impulso puede trabajar conmigo. Estoy disponible, pero nunca presionado. Temporalmente se desarrolla una díada entre el paciente y yo mismo; pero el resto del grupo está comprometido totalmente, aunque rara vez como participantes activos. Principalmente, actúan como una audiencia que es estimulada por el encuentro, para hacerse un poco de autoterapia silenciosa. (...)

> En otras palabras, en contraste con el tipo usual de reuniones de grupo, yo llevo el peso de la sesión, ya sea haciendo terapia individual o conduciendo experimentos grupales. A menudo intervengo si el grupo comienza a jugar a las opiniones o interpretaciones, o si tiene enfrentamientos puramente verbales sin ninguna sustancia experiencial. Pero me mantengo al margen tan pronto como comienza a ocurrir algo genuino" (Perls, 1993, p. 26).

Y este modo de trabajar lo individual en grupo, tan particular de Perls, atendiendo individualmente a la persona, pero sin descuidar la presencia del grupo, será algo completamente novedoso para su época, que lo diferenciará de todas las corrientes en boga y que nos servirá de guía a todos los gestálticos venideros: un modo de trabajar en grupo cuidando lo individual sin descuidar lo grupal y siempre con el objetivo de incrementar el potencial humano a través del proceso de integración, con el propósito de darle al paciente los medios con los cuales poder resolver sus problemas actuales y cualquiera que pueda surgir en el futuro, es decir, su autoapoyo.

Claudio Naranjo nos dice, sobre Perls:

> "Perls pensaba que ser psicoterapeuta era ser uno mismo, y viceversa. Empleaba y generaba técnicas (tal como utilizaba lápices para escribir o cubiertos para comer), pero nos previno sobre los *trucos* —procedimientos usados con la creencia de que *ellos* harán algo mientras nosotros permanecemos sentados. En su mente no existía división entre ser lo que era y hacer su trabajo, y lo que 'enseñaba' al 'entrenar' psicoterapeutas era guiarlos a ser ellos mismos. Confiaba en que el hecho de ser era contagioso y que el *aprendizaje intrínseco* de la psicoterapia era suficiente. Para él, ser significaba estar aquí y ahora, estar consciente y ser responsable" (Naranjo, 2000, p. 15).

2. Llegada de la Terapia Gestalt a Chile

La Terapia Gestalt llega a Chile con el Dr. Claudio Naranjo, reconocido terapeuta chileno, quien había participado en algunos proyectos de investigación en la cátedra titular de Psiquiatría en la Universidad de Chile, en la década del sesenta. Trabajaba con algunos docentes de la cátedra, especialmente con la Dra. Adriana Schnake, que era jefa de un grupo docente (profesora) desde la reforma universitaria de 1969. En dicho grupo se dedicaban a investigar terapias alternativas de corta duración, posibles de aplicar en grupo, para cubrir las necesidades de la vasta demanda asistencial. En este contexto, en 1969, Adriana Schnake invitó a Claudio Naranjo a crear un Grupo de Terapia Gestalt con docentes del departamento de Psiquiatría, y logró reunir un número considerable de interesados, psiquiatras, asistentes sociales y psicólogos. Más adelante, Adriana Schnake y su grupo continuaron estudiando e investigando las posibles aplicaciones de la Gestalt y orientaron sus cursos iniciales con este enfoque (Schnake, 2003).

Posteriormente, la incorporación de Francisco Huneeus a este grupo fue un valioso aporte, no sólo por tratarse de una persona formada en Neurociencias y Medicina, sino por su interés en conocer y traducir la obra de F. Perls.

Adriana Schnake y Francisco Huneeus se dedicaron a hacer grupos terapéuticos semanales con orientación gestáltica. En 1972, vino a Chile Barry Stevens, quien había estado en la comunidad terapéutica de Fritz Perls en Canadá, y antes en Esalen, junto a su hijo John. Ella trae consigo varias películas de Perls trabajando en Esalen, que fueron mostradas en las escuelas de psicología de la época en Santiago. Barry Stevens se sorprendió y aprobó con entusiasmo el trabajo y desarrollo de la Gestalt conseguido por Adriana Schnake y Francisco Huneeus.

En 1973, el golpe de Estado en Chile obliga a ambos terapeutas a dejar sus cargos en la Universidad de Chile, y se dedican a hacer grupos en forma particular y a viajar a otros países, donde son invitados regularmente para hacer grupos intensivos de terapia de fines de semana y para formar terapeutas con esta orientación. El gran éxito obtenido en los primeros laboratorios en Buenos Aires les abre las puertas a otras ciudades: Lima, Madrid, Río de Janeiro. Paralelamente, para hacer conocida la Gestalt en habla hispana, crean la Editorial Cuatro Vientos.

Principalmente, de ellos he aprendido a trabajar con grupos terapéuticos, primero observando su trabajo conjunto en las maratones de Gestalt y vivenciando la experiencia en carne propia, como participante. Posteriormente, continué mi formación como aprendiz, durante varios años, en el Centro Anchimalén, donde vivía y trabajaba, hasta que, finalmente, llegara el momento de hacer mis propios grupos como terapeuta en Santiago.

3. Conceptos básicos sobre Gestalt

La Psicoterapia Gestalt tiene un enfoque humanista-existencial y, al igual que las corrientes cuyo enfoque comparte, está inspirada en una visión fenomenológica de la realidad. Esto implica una mirada en el aquí-ahora y una observación atenta del terapeuta sobre el fenómeno (donde el fenómeno observado es inseparable del observador). Es una mirada que busca la comprensión basada en lo que es obvio o revelado por la situación. Esta observación es descriptiva y en ningún caso es interpretativa o explicativa como lo es el psicoanálisis.

Para la Terapia Gestáltica, tanto lo que se siente "subjetivamente" como lo que se observa "objetivamente", constituyen información relevante.

La vida humana es sentida como breve y transitoria, lo que implica que la vida en sí adquiere un valor intrínseco. Se valora el ser humano y se valora la persona como tal, siendo considerada como un igual. En Terapia Gestalt no hay, entonces, un terapeuta que sabe y que se siente poseedor de la verdad y un paciente que no sabe y es considerado enfermo. Hay dos personas, dos seres en un encuentro total, verdadero y auténtico. Por otra parte, la psicoterapia hace énfasis en la experiencia vital individual y directa, no otorgando, como otras corrientes, la supremacía de la racionalidad. La experiencia subjetiva individual es considerada válida. La Psicoterapia Gestalt se centra en la existencia de las personas, las relaciones entre ellas, sus alegrías y sufrimientos, vivenciados directamente.

Por otra parte, la visión de campo aporta a la Gestalt una mirada holista del entorno y del propio organismo. Recordemos que una característica del campo es que todo está en todo, así, en cualquier elemento del campo están contenidos los otros elementos del mismo. Esto nos habla de un organismo completamente inserto en el universo en el que vive, y al mismo tiempo, nos habla de un organismo unificado, donde todas las partes de éste están en las otras al mismo tiempo. De este modo, cognición, emoción, energía, cuerpo, son aspectos del organismo total que están totalmente interrelacionados, no pudiendo comprenderse uno separado de los otros, ni tampoco uno antecediendo o siendo causa de los otros. Personas y eventos siempre existen en un campo.

En Gestalt, el campo siempre está cambiando, pues se trata de un campo fenomenológico y, por lo tanto, es definido por el observador, y es significativo sólo si se conoce el marco de referencia de éste. De este modo, el campo siempre está en movimiento y es un proceso continuo de cambio. Sin embargo, el organismo y el ambiente se diferencian dentro de un todo unificado, creándose entre ellos un límite, que al mismo tiempo será un lugar de encuentro. Este "límite de contacto" es fundamental para la mantención del organismo como tal; si desaparece el límite no existe organismo, pues se confunde con el campo, es decir, el organismo muere. Todo organismo necesita mantener ciertos parámetros homeostáticos; así, cuando surge una necesidad (por ejemplo, un déficit de agua), ésta interrumpe el normal funcionamiento y el organismo tiende a satisfacerla para restablecer el equilibrio y su supervivencia. Es por ello que una característica básica de todo ser vivo es la capacidad o proceso de autorregular el organismo dentro de estos parámetros homeostáticos.

La autorregulación organísmica es el proceso mediante el cual el organismo hace intercambios con el ambiente para mantener su equilibrio tanto físico como psíquico y social. Es, pues, el principal mecanismo del organismo para mantener la homeostasis y, por tanto, para diferenciarse del resto del campo y mantener la vida. Mantener la vida está en el mismo camino que mantener la salud, por tanto, la capacidad de autorregulación organísmica lleva también a la mantención de la salud.

De este modo, un organismo sano es aquel que es capaz de usar adecuadamente su capacidad de autorregulación organísmica para restablecer su equilibrio, es decir, es aquel que logra ser capaz de reconocer sus necesidades, formándose una figura clara de aquello que requiere, desarrollando una conducta apropiada para satisfacer esa necesidad, actuando y cubriendo esa necesidad para luego retirarse satisfecho... Dando lugar a que una nueva necesidad vuelva a surgir y el ciclo continúe. Y aquí, cuando nos referimos al ser humano y sus necesidades, no sólo nos referimos a sus necesidades fisiológicas o biológicas, nos referimos a todas las necesidades de la persona, también a las afectivas y emotivas.

Para mantener la homeostasis y la salud, el organismo vivo cuenta con un sistema sensorial que le permite percibir los cambios en el campo (necesidades) que serán relevantes, y con un sistema motor, que le permite la acción necesaria para rectificar o modificar los parámetros necesarios para volver a restablecer su equilibrio. El darse cuenta de este proceso continuo de necesidades del que se deriva una acción resolutoria, que va llevando de una a otra necesidad, le llamamos en Gestalt el "*continuum* de conciencia" o "*continuum* de *awareness*".

El proceso de autorregulación conlleva un "darse cuenta organísmico". Y al hablar de conciencia organísmica, no estamos hablando necesariamente de cognición: existen muchos organismos vivos que no tienen cognición, pero sí tienen conciencia de sus necesidades (por ejemplo, una planta de maravilla que va girando a medida que se mueve el sol). Es más, muchas veces el ser humano, desde su nivel cognitivo, puede confundir "necesidades implantadas" desde las ideas, y descuidar las verdaderas "necesidades organísmicas".

A partir de esto, podemos decir que el organismo "no sano" o enfermo será aquel que no use adecuadamente su capacidad de autorregulación. Veamos a continuación cómo puede ocurrir esto y sus consecuencias. En la mayoría de los seres vivos, esta capacidad de autorregulación solo es inadecuada cuando hay un problema fisiológico (o cuando el entorno es muy nocivo). Sin embargo, en el ser humano puede ocurrir que, teniendo todas las capacidades fisiológicas adecuadas (sistema perceptivo y motor), puede no usarlas adecuadamente; es decir, decide no hacerlo por sus ideas, por sus metas, etc. En fin, porque interviene más aquello que deseamos ser que lo que somos realmente, y esto nos remite a la neurosis, que se va generando, paulatinamente, en un proceso a lo largo de nuestras vidas.

Una de las principales necesidades psicológicas del ser humano es la de recibir afecto[2]; ésta es tan importante, que un niño que no reciba afecto o contacto físico, aun teniendo todas las condiciones básicas de alimentación y cuidados adecuados, puede enfermarse, e incluso morir. El problema es que muchas veces nuestro entorno familiar - social condiciona el afecto a ciertas conductas "aceptadas", y lo niega frente a otras "rechazadas". De este modo, podemos decir que la necesidad del otro puede convertirse en nuestra necesidad, desde el momento en que el afecto del otro está condicionado a realizar las conductas que el otro espera de nosotros.

Es así como, muchas veces, puede aparecer el conflicto entre la necesidad propia y la necesidad del otro o del entorno (siendo esta

[2] Hablamos de afecto con todas sus expresiones: reconocimiento, aceptación, contacto físico y verbal, etc.

última reflejo de la necesidad de recibir afecto). El conflicto aparece cuando el niño vivencia incompatibilidad entre cubrir su propia necesidad y cubrir la necesidad del otro, de lo cual depende el ser aceptado por el otro. Así, entonces, el niño cae en la falacia de que si opta por su necesidad perderá el afecto del otro, y se queda sin salida. Cabe subrayar la importancia de la subjetividad de la vivencia, pues el niño vive la situación como "dos necesidades incompatibles e irreconciliables" y el afecto como "totalmente condicionado a un tipo de conducta"; por ello, la persona se siente como en un callejón sin salida. La solución neurótica pasa entonces por "negar" y no "darse cuenta" de una de las dos necesidades, pero esto tiene un precio, que es la alteración en la capacidad de autorregulación del organismo. Una solución sana pasa por una lectura más adecuada de la "incompatibilidad de las necesidades" y de la "condicionalidad del afecto", pero esta lectura puede ser difícil para un niño, por la madurez y experiencia que precisan, así como también, puede ser difícil para el neurótico debido a la incapacidad de darse cuenta de sus necesidades y la rigidez de sus respuestas. Perls nos dice, al respecto:

> "El neurótico ha perdido (o tal vez nunca tuvo) la capacidad de organizar su comportamiento de acuerdo a una jerarquía indispensable de necesidades. Literalmente, no puede concentrarse [...] El individuo es incapaz de percibir sus necesidades dominantes [orientación] o de manipular el ambiente para lograr satisfacerlas [manipulación]" (Perls, 2001, p. 31).

> "En el neurótico, el ritmo de contacto/retirada está descompuesto. No puede decidir por sí mismo cuándo participar y cuándo retirarse, porque todos los asuntos inconclusos de su vida, todas las interrupciones de los procesos en transcurso, han perturbado su sentido de la orientación, y ya no puede distinguir entre aquellos objetos y personas en el ambiente que tienen para él una catexis

> positiva, y aquellos que tienen una catexis negativa; ya no sabe ni cuándo ni de qué retirarse. Ha perdido su libertad de elección" (Perls, 2001, p. 36).

> "En terapia (el neurótico) tiene que aprender a distinguir entre los miles de necesidades y cómo atenderlas sucesivamente. Tiene que aprender a descubrir y a identificarse con sus necesidades. Tiene que aprender la forma de comprometerse totalmente con lo que está haciendo, en cada momento; cómo permanecer en una situación el tiempo suficiente para completar la Gestalt y pasar a otros asuntos" (Perls, 2001, p. 32).

La solución neurótica utiliza mecanismos de evitación de contacto (introyección, proyección, retroflexión, confluencia, por citar los más importantes), para hacer "desaparecer" el conflicto sin resolverlo. Esto implicará una Gestalt no resuelta, lo que a su vez conlleva gran energía del organismo para cerrar esta necesidad (Gestalt) y al mismo tiempo un esfuerzo para "no tomar conciencia" de esta figura o necesidad que se contrapone con la otra.

Además, la solución neurótica implica negar aspectos propios del organismo y así va apareciendo un "yo idealizado" versus un "yo negado" que se manifiesta como una polarización del organismo en su intento neurótico de solucionar el conflicto. Esta polarización implica que hay aspectos (capacidades o características) de este organismo que la persona va a permitirse usar y otros que no (pues los niega). Así, frente a las necesidades que aparecen en el campo, que para ser solucionadas necesitan de capacidades que el sujeto rechaza, el organismo va a tratar de "negarlas" y buscar una solución neurótica, que implica una manipulación del entorno para tratar de obtener una solución de su necesidad sin recurrir a sus propios recursos cuando éstos están en el ámbito de su "yo negado". Es de esta manera que el organismo pierde la capacidad de autorregulación. Así busca el apoyo externo para tratar de solucionar sus necesidades en lugar de recurrir a su propio autoapoyo, de las capacidades propias del organismo, para obtener el equilibrio homeostático.

La polarización en el organismo es total. A nivel cognitivo, podremos usar ideas, conceptos, teorías y explicaciones que justifiquen la "bondad" de lo "idealizado" y la "maldad" de lo "negado". A nivel emocional, tendremos más capacidad de reconocimiento y expresión de emociones ligadas a lo "aceptado" y menos de lo "negado". A nivel corporal o fisiológico, tendremos desde bloqueos musculares hasta falta de conciencia y sensibilidad corporal. Pero más allá de hablar de estos aspectos por separado (cuerpo-mente-emociones), vemos cómo funcionan en una totalidad que hace irreal y falso hablar de estos tres aspectos como si fueran aspectos separados que se interrelacionan para su funcionamiento. Al contrario, vemos cómo desde los neurotransmisores, las endorfinas, las hormonas, etc., nuestra fisiología no puede ser vista distinta o separada de nuestra cognición, por tanto tendremos una polarización total de la persona.

> "Por lo tanto, en terapia tenemos que restablecer la capacidad del neurótico de discriminar. Tenemos que ayudarle a descubrir qué es él mismo y qué no es él mismo; lo que le realiza y lo que le frustra. Tenemos que guiarle hacia su integración. Tenemos que asistirle en su búsqueda del equilibrio y de los límites adecuados entre él mismo y el resto del mundo. Es fácil decir sencillamente 'sé tú mismo', pero para el neurótico hay miles de obstáculos en el camino. Entendiendo ahora los mecanismos por cómo el neurótico se impide ser él mismo, podemos dedicarnos a intentar eliminar los obstáculos, uno por uno, ya que esto es lo que debiera ocurrir en la terapia" (Perls, 2001, p. 51).

"El hombre se trasciende a sí mismo únicamente por el camino de su verdadera naturaleza, jamás por medio de la ambición y

> las metas artificiales... La verdadera naturaleza del hombre como la verdadera naturaleza de cualquier otro animal es la integridad. Únicamente en la espontaneidad y en la capacidad de deliberar integrada, toma una decisión saludable. Porque, tanto la espontaneidad como la deliberación están en la naturaleza del hombre. El darse cuenta de y la responsabilidad por el campo total, por el sí mismo, por el otro, dan significado y configuración a la vida del hombre" (Perls, 2001, p. 57).

4. Enfoque holístico de la salud y de la enfermedad, en Gestalt

El Enfoque Holístico de la Salud y de la Enfermedad en Gestalt, desarrollado por Adriana Schnake, pretende no seguir dividiendo al ser humano, restaurándole su dignidad como persona y es muy novedoso, pues permite trabajar con los órganos enfermos a modo de recuperar el mensaje de la enfermedad e integrar aspectos rechazados de la personalidad que se han manifestado en dicho mensaje. Este enfoque ha surgido a partir de conceptos básicos de esta orientación como son: lo organísmico y lo autoestructurante, como propiedades de la materia viva.

> "Los organismos vivos llevan en sí una especie de 'deseo' o tendencia innata a estructurarse, a diferencia del ambiente, y crecer. En una palabra, un mandato a ser. No así el mundo de lo inanimado, que sigue inexorablemente la tendencia a mezclarse, hacerse indistinguible, a aplanarse" (Schnake, 1993, p. 294).

Estos conceptos de lo organísmico y lo autoestructurante,no habían sido desarrollados al nivel que han alcanzado en la actualidad, cuando Freud hizo el genial aporte que iluminó la medicina: lo psíquico podía influir en lo somático y, más aún, podía producir síntomas notables como eran las famosas parálisis histéricas y múltiples síntomas de conversión.

Desde principios de siglo, después de la batalla dada por Freud en el seno mismo de la medicina, se aceptó el hecho de que los seres humanos podían "somatizar", es decir, enfermarse de un órgano como expresión de un conflicto. Las enfermedades psicosomáticas son enfermedades reales, y esto ya fue definido por los estudios de F. Alexander (1950), quien fue uno de los iniciadores del estudio de la psicosomática. Con su trabajo se distinguieron las otras somatizaciones en las que no hay alteraciones orgánicas. Así, se consideraron enfermedades psicosomáticas y se describieron bajo el término de "Chicago Seven": el asma bronquial, la úlcera gástrica, la artritis reumatoide, la rectocolitis hemorrágica, las neurodermatosis, la tiroxicosis y la hipertensión esencial. Las investigaciones de Alexander fueron un gran aporte en su momento y llevaron sobre todo a conceptualizar organizaciones específicas de la personalidad correspondientes a una expresión psicosomática, es decir, a un tipo de personalidad es probable que le correspondiera la expresión de un tipo de dolencia. Actualmente, estas concepciones se ponen en duda, ya que como vemos continúan dividiendo al ser humano en cuerpo/mente, y son causalistas. Se ha reemplazado el causalismo biológico por el psicológico.

Muchos autores posteriores han planteado enfoques holísticos macizos, reforzados con nuevos y sólidos argumentos. Es el caso de H. Maturana y F. Varela (1986), quienes no sólo entienden la existencia humana como un todo indisoluble formado por la mente, el cuerpo y las emociones, sino que rechazan todo determinismo causal entre dichas dimensiones, al tiempo que reafirman el vínculo de la vida humana con todos los movimientos y procesos vitales. Esta visión holística fue, desde el inicio, uno de los aportes más consistentes de la Terapia Gestalt: el pensar en el ser humano como un todo e integrado.

En Gestalt se parte del supuesto de que el organismo conoce sus posibilidades, sus límites, y que el ser humano sabe de sí mismo y cómo funciona. Por otro lado, sabemos que el conocimiento que tenemos de nosotros mismos, que aunque no siempre corresponde a lo que somos, no nos impide actuar y relacionarnos. Y que nuestro carácter y comportamiento no están determinados genéticamente. Lo hemos ido desarrollando y adaptando de acuerdo al ambiente, a los primeros estímulos, a la constitución y a diferentes factores que han influido en nuestro desarrollo.

Sabemos también que las emociones juegan un rol organizador del funcionamiento humano, como así también pueden tener un rol disruptor, como lo sugirieron Perls, Hefferline y Goodman (2001).

Lo rechazado, lo que no queremos ser, las características que no aceptamos y que muchas veces tenemos y no vemos, son lo que Perls llamó "hoyos en la personalidad".

La emoción subyacente y la dificultad de aceptación de algunas características de la personalidad, plantea la hipótesis de que los aspectos negados pueden ser el **"campo fértil"** para que una determinada enfermedad pudiera tener más posibilidades de presentarse justamente en un órgano que en sus características anatómicas o en su funcionamiento fisiológico, tenga precisamente esta cualidad que la persona niega y rechaza en sí misma.

Con esto, estamos hablando de una posibilidad de favorecer la aparición de una enfermedad en un órgano determinado. No estamos hablando de una "causa". Es un elemento más del proceso de salud y enfermedad, que en algunos casos y momentos puede tener una mayor importancia en el proceso de la enfermedad.

En *Los Diálogos del Cuerpo* (Schnake, 1995), se postula que a través del diálogo con los órganos de nuestro cuerpo, podemos llegar a identificarnos con estas características negadas, características que curiosamente aparecen, o más bien, son parte del órgano enfermo.

Los grandes descubrimientos de estos últimos 30 años, en donde se ha demostrado, por ejemplo, que nuestro cerebro es como una gran glándula capaz de producir un número todavía no conocido de sustancias en relación a nuestro pensamiento y nuestras emociones. R. Ornstein y D. Sobel en su libro *El cerebro que cura* (1991) basado en recientes investigaciones de neurología y química cerebral, ofrecen un material preciso sobre el cerebro humano y cómo éste utiliza las emociones para mejorar decididamente el estado general de la salud, revelándose en aspectos antes desconocidos.

Y no sabemos qué puede ocurrir o cómo se puede alterar el funcionamiento de un órgano que, para funcionar, tiene que tener alguna característica que no aceptamos. Por ejemplo, un colon que para funcionar bien, es necesario que acepte lo que le llega: aceptar una flora intestinal capaz de "descomponer" lo que llega. Si, por ejemplo, tenemos una persona que se pelea con su propia aceptación, con su capacidad de retener y absorber... probablemente se producirán problemas.

El mensaje posible de una enfermedad o dolencia tiene que ser entendido y aceptado por la persona como parte de su autonomía y libertad. Como un modo de no seguir enajenados y dependiendo de su entorno, que no siempre favorece nuestro crecimiento.

> "Con una visión holística, nuestra primera tarea es ***restituir la integridad de la mirada* hacia ese cuerpo**, que es un cuerpo-para-otro, en el cual puede estar ocurriendo algo que lo limita y que él permitió que se adueñara de todo el escenario y actuara como protagonista. Le mostramos que él, el paciente, la persona, es el verdadero protagonista y es preciso que aclare su relación con ese otro con el cual está en un ***impasse.***
>
> Permitimos a la persona que establezca un encuentro y un diálogo con ese otro-que-no-es-él, y ofrecemos ayudarla si cree conocerlo poco. Podemos hacer este ofrecimiento con seguridad, porque, afortunadamente, la anatomía y fisiología de los seres humanos son sensiblemente iguales. Lo que no podemos ni siquiera sospechar es lo que puede decir la persona a ese 'otro'. Qué le reprochará o qué le agradecerá. Los órganos mismos tienen un

discurso limitado por su estructura y su función, que nos impide fantasear o interpretarlos antojadizamente. Aun con los límites naturales, el discurso de nuestros órganos es extremadamente complejo y no necesariamente aceptado por las personas.

En estos diálogos nos damos cuenta de lo increíble que puede ser la escucha de una persona para con el órgano o la parte que le duele, ya que la lleva a aceptar aspectos que rechaza violentamente como partes de si." (Schnake, 2008, p. 23).

"La modalidad incorporada por nosotros al diálogo gestáltico nos facilita enormemente esta tarea y nos permite con prontitud corregir los errores de información de la persona, para que, por lo menos, no siga distorsionando la relación y atribuyéndole cualidades o defectos inexistentes al órgano que ha dado síntomas." (Schnake, 2008, p. 27).

5. Cómo entendemos las crisis desde la Gestalt

La mayoría de las personas que acceden a un grupo terapéutico, lo hacen porque se encuentran atravesando una situación difícil, o bien vienen saliendo de una crisis importante en su vida, que los lleva a cuestionarse y buscar ayuda para desarrollarse y crecer en lo personal. En los grupos, podemos reconocer en la persona transiciones muchas veces marcadas por estos posibles sucesos de crisis, como por ejemplo: la falta de trabajo, casarse, tener un hijo, cambiar de empleo, cambiarse de país, separaciones etc.: todas situaciones difíciles, que irrumpen en la vida de una persona o en su familia. Y más que generalizar sobre ellas, parece importante verlas en su contexto, pues cada una es algo tan personal como la huella digital de la persona. Desde la Gestalt, no existe un patrón que dada tal composición familiar y dada tal situación de vida, ocurra tal o cual disfunción en la persona o en la familia... Desde lo aprendido como terapeutas intentamos ser lo más fenomenológicos posible, centrándonos en el presente, en el aquí y ahora, observando limpiamente la situación sin posturas ni prejuicios sobre la persona.

Frente a la crisis misma, surge siempre la pregunta: ¿qué hace que estos eventos sean algo positivo o negativo en la persona? Todos reconocemos que las crisis pueden significar un cambio positivo y muy valioso en la persona, así como también pueden ocasionar dolor, angustia y un deterioro significativo en ella. ¿Qué marca esta diferencia? Desde diversas corrientes el acento está dado en cómo la persona afronta cognitivamente la situación. Desde la Gestalt la diferencia está en el cómo la persona lo vive, cómo lo siente y experimenta, cómo es para ella... Esto depende de cómo se encuentre la persona en ese momento, de lo sorpresivo o inesperado de la situación, del entorno y de sus recursos.

Podríamos decir que en Gestalt la crisis se entiende como una alteración o perturbación en el campo (organismo-entorno), como algo que rompe el equilibrio homeostático del organismo. Esta perturbación puede ser algo externo al sujeto como un terremoto, un duelo, u otro suceso que dificulta seguir adelante, o bien, puede ser parte del sujeto mismo, a partir de una enfermedad catastrófica, a partir de sus ideas o pensamientos. En fin, algo interno o externo, o ambos, que se percibe como intolerante o inadecuado. Las crisis son situaciones o vivencias que se experimentan en la historia personal y que se viven con gran angustia y dolor, son un momento de inestabilidad y van generalmente acompañadas de decisiones obligadas y de ajustes necesarios para seguir el camino. Corresponden a un momento crucial que afecta la continuidad de todos los sucesos futuro de la persona y conllevan un cambio drástico en el curso de los acontecimientos. Podemos decir, que las formas en que el sujeto enfrenta la situación de crisis están estrechamente relacionadas con su capacidad de Darse Cuenta y actuar responsable y consecuentemente.

También parece interesante complementar esta visión con el aporte de Ilya Prigogine, Premio Nobel de Química, 1977, que es mencionado por Larry Dossey (1986) en su libro *Tiempo, espacio y medicina*: "la obra de Prigogine ha sido como una bomba para la ciencia, al haber creado —decía el Comité Nobel— una teoría que tiende un puente sobre el abismo existente entre el campo de la investigación de las ciencias biológicas y de las sociales. Su teoría reafirma, en el lenguaje propio de la química y las matemáticas, el eterno mensaje de los místicos y los poetas que formamos una unidad con el mundo, y de hecho el Comité Nobel le aplicó e apelativo de 'Poeta de la termodinámica'." Más adelante continúa: "la naturaleza es parte de nosotros, igual que nosotros somos parte de ella. En la descripción que hacemos de ella, podemos reconocernos a nosotros mismos". (Dossey, 1986, p. 134).

Prigogine, a través de complejas matemáticas, demostró que en el mundo hay una creación simultánea de orden y desorden, planteando que el caos posibilita la vida y la inteligencia. Demostró que aunque la segunda ley de la termodinámica es válida en el conjunto, falla en ciertas regiones alejadas del equilibrio, donde aparecen fluctuaciones que pueden hacer surgir una nueva complejidad, y configuraciones naturales como la vida. A estas configuraciones naturales, les llamó **estructuras disipativas**. Estas estructuras desafían localmente la tendencia universal hacia la desorganización, pues tienden a estructurarse y ser más complejas, tal como un pollito es más complejo que el huevo. Él nos dice: "El flujo energético creado dentro de una estructura puede causar perturbaciones en el interior del sistema. Si las perturbaciones son pequeñas, quedan absorbidas por el sistema, pero si son grandes pueden desencadenar cambios severos en el interior de la estructura. Cuanto mayor es la estructura, mayor el flujo de energía que requiere para sobrevivir, y mayor la probabilidad de perturbaciones". Para él "La susceptibilidad es factor catalizador del cambio". Esta es la clave que le permite evolucionar hacia una mayor complejidad, ya que si la perturbación es lo suficientemente intensa, el sistema puede sufrir una reorganización repentina y surge un orden más elevado. Así, la perturbación permite que el sistema salte a un orden más elevado de complejidad.

Un ejemplo de esto lo encontramos en la medicina: es la inmunización. Con la vacuna se introduce en el organismo una dosis mínima, pero suficiente, de microorganismos patógenos atenuados, para producir un grado de perturbación en el organismo; éste se defiende produciendo anticuerpos y se prepara para la posible exposición a futuro de una infección por microorganismos similares a los que contiene la vacuna. Así, la próxima vez que el organismo se vea expuesto al agente nocivo reaccionará a él y no se enfermará. Así se perturba al organismo para hacerlo evolucionar hacia una mayor complejidad.

Parece interesante la visión de Prigogine y su aplicabilidad en las relaciones humanas, pues en Gestalt no entendemos una crisis como una enfermedad o "mal momento para la persona" sino por el contrario, aunque sabemos que muchas veces puede estar sufriendo con ello, la entendemos como una gran oportunidad de cambio, de crecimiento y maduración. Y esto es vital, sobre todo cuando trabajamos con jóvenes con intentos de suicidio u otras situaciones de grandes crisis en sus vidas y nos acercamos a ellos, no desde la mirada de "pobrecitos" o "enfermos" o "manejadores", sino que realmente miramos la crisis sin temor, confiando que de ella no puede más que ocurrir lo mejor.

En el trabajo gestáltico propiamente tal, las crisis se convierten en oportunidades: oportunidades de cambio, de maduración, de crecimiento. Crecimiento con el otro. Un asunto colectivo social; como lo llama Jean Marie Delacroix, una antropología optimista, donde el ser humano tendría la capacidad de superar sus ajustes neuróticos, de despegarse de ellos para ingresar con el otro hacia la co-creación de un campo de crecimiento y expansión (Delacroix, 2008).

6. Cómo y cuándo surge la terapia de grupo

"La terapia de grupo en sentido de una actividad planificada, bajo guía profesional para tratar la patología de la personalidad es una invención del siglo XX. Entre sus pioneros se encuentra Joseph

> Pratt (1922) internista que, ya en 1905, hacía sesiones de lecturas con sus pacientes tuberculosos en un ambulatorio de Boston [...]. Al observar la mejoría psicológica que proporcionaba este abordaje, Pratt y sus colegas no tardaron en hacer extensivo el método a los pacientes diabéticos y, en ocasiones, a pacientes neuróticos." (Kaplan y Sadock, 2001).

El abordaje de Pratt, lejos de ser psicoterapéutico era más bien educativo, sin embargo, comprobó que más importante que sus palabras era el clima que se creaba en el grupo mismo: **el vínculo entre quienes lo conformaban producía la mejoría**. Luego de los buenos resultados obtenidos, extendió su método de trabajo grupal a otros tipos de pacientes, demostrando la importancia del vínculo en la relación terapéutica, por lo que hoy en día Joseph Pratt merece ser mencionado.

Después de la Segunda Guerra Mundial, como solución a una demanda de atención masiva, comienza a tener su apogeo la terapia de grupo. Aparece entonces la terapia Gestalt y logra extenderse por muchos países, sobre todo debido a su rapidez y su efectividad.

> "De esta forma, hospitales americanos y británicos se convirtieron en semilleros de terapeutas de grupo. Entre los líderes americanos cabe citar: Samuel Hadden, Alexander Wolf, Irving Berger, Donald Shaska y Eric Berne. En cuanto a los británicos, E. James Anthony, S. H. Foulkes, Wilfred Bion, Foulkes, Joshua Bierer y John Rickman (...) el empleo de la terapia de grupo durante la Segunda Guerra Mundial fue una de las más importantes contribuciones de la psiquiatría militar a la psiquiatría civil." (Kaplan y Sadock, 2001).

Este gran auge de las terapias grupales contribuyó a dar un gran impulso a las dos primeras asociaciones de terapia de grupo creadas durante ese período en Estados Unidos: la Asociación de Psicoterapia y Psicodrama, creada por Jacob L. Moreno, y la Asociación de Psicoterapia de Grupo, fundada por S. R. Slavson.

Jacob L. Moreno (1889-1974) impregnó sus estudios de psiquiatría con su afición al teatro y fundó el psicodrama. Ya en 1912, antes de trasladarse a los Estados Unidos, había creado el Teatro Vienés de la Espontaneidad, del cual toma gran parte de las ideas que luego aplicará al psicodrama y la terapia grupal. El psicodrama es una técnica terapéutica basada en la improvisación; es la representación por parte del individuo de acontecimientos pasados o futuros, reales o imaginarios, externos o internos, experimentándolos al máximo, como si estuvieran ocurriendo en el presente. En 1925, Moreno emigra a los Estados Unidos, donde desarrolla plenamente el psicodrama, realizando mediciones sociométricas, dinámicas de grupos y, basándose en las teorías de roles, logra inducir cambios en los individuos y grupos, desarrollando nuevas percepciones y conductas. Moreno dedicó muchos años a examinar la estructura de los grupos, analizándolos. En 1931, acuñó el término "terapia grupal", siendo uno de los principales iniciadores de la terapia grupal. Posteriormente, la Gestalt tomará de él técnicas como la silla vacía y el juego de roles.

S. R. Slavson comenzó como educador y trabajador social, llegando a adquirir una vasta formación como psicoterapeuta. Es así como:

> "A mitad de los años 30 observó que los muchachos en edad de latencia, típicamente inhibidos y afectados, ganaban en espontaneidad gracias a las interacciones dentro de un grupo. Así, puso en marcha una terapia de actividad grupal que se orienta a la expresión de fantasías y sentimientos mediante acción y juego. Un clima permisivo dentro del grupo favorece la regresión benigna, a partir de la cual pueden expresarse conflictos precoces en el contexto de un medio aceptador y estable. En las dos décadas siguientes, Slavson hizo extensivo su método al trabajo grupal con adolescentes y adultos". (Kaplan y Sadock, 2001).

A lo largo de los años '50 el campo de la salud mental, incluida la terapia de grupo, se llenó de dificultades, debido a las disputas entre diversas escuelas de pensamiento y entre los psicoanalistas: Freud, Adler y los neofreudianos, adscritos a K. Horney y Sullivan, entre los más destacados. Así surgió una gran cantidad de nuevas terapias que competían entre ellas, tales como el Análisis Transaccional (Eric Berne, 1966) y la terapia centrada en la persona (Rogers), la terapia Gestalt (F. Perls), la terapia existencial (V. Frankl), y la terapia racional-emotiva. De éstas, sólo el Análisis Transaccional y la Gestalt nacieron en contextos grupales; sin embargo, el resto de las terapias, que nacieron de un contexto individual, rápidamente comenzaron a extenderse al ámbito grupal.

En los años 50, la terapia de grupo demostró una gran aplicabilidad de tratamiento en una amplia gama de *settings*, y la población abordada ocupaba también un amplio espectro. Su promoción y difusión se encuentran estrechamente relacionadas con la consolidación de la psicología humanista, tal como nos explica Guillem Feixas (1993):

> "La *psicología humanista,* a pesar de contar con algunas aportaciones previas y de un cierto período de incubación en los años '50, se consolida a principios de los años '60. Nacida como movimiento filosófico y social, más que como enfoque terapéutico aglutina de forma asistemática una serie de pensadores (Buhler, Bugental, Maslow, May, Murphy, Rogers, van Kaam, etc.) y técnicas promotoras de la autorrealización (terapia centrada en el cliente, gestáltica, análisis transaccional, etc.) que se autodenominan 'tercera fuerza' (Maslow, 1962). Sin embargo, la psicología humanista nunca ha pretendido convertirse en un nuevo paradigma (Caparrós, 1979; Rosal, 1986) sino que se trata más bien de 'una *Weltachauung* global, una filosofía de la vida, una nueva concepción del hombre' (Maslow, 1962). A pesar de la influencia de algunos emigrantes europeos, la psicología humanista es

un fenómeno genuinamente americano que contribuyó al movimiento contra-cultural de los sesenta, y sólo más tarde llegó a Europa.

Su contribución fundamental a la arena psicoterapéutica ha sido un conjunto de prácticas y técnicas, [...] promover el trabajo grupal, y la difusión de la psicoterapia en amplias capas de la población, incluso entre aquellas personas consideradas 'sanas'..." (Feixas, 1993).

Esta modalidad de incluir personas comunes sin grandes patologías, se convertirá en una gran novedad y hará que prosperen los grupos terapéuticos en todos los ámbitos posibles. Es en este terreno, que Fritz Perls y la terapia Gestalt grupal cobrarán una gran importancia, y se irán lentamente dando a conocer en el mundo.

7. Qué entendemos por grupo terapéutico, desde la Gestalt

Los grupos terapéuticos son grupos organizados por un psicoterapeuta, en el cual se realiza un seguimiento terapéutico a cada uno de sus miembros con el objetivo de facilitar el darse cuenta, ampliar la conciencia, adquirir responsabilidad y facilitar la relación interpersonal del paciente con su entorno; que éste pueda relacionarse de un modo más auténtico, con mayor aceptación de sí mismo y con mayor autoapoyo.

En la terapia de grupo, tanto la interacción paciente-paciente, como la paciente-terapeuta se utilizan para efectuar cambios en la conducta de los participantes. Así, el grupo se convierte en un escenario que sirve como instrumento de cambio.

Los grupos terapéuticos tienen, generalmente, una duración de un año, con una frecuencia de encuentro semanal. Son dirigidos por un psicoterapeuta formado en la Gestalt, tanto en sus bases teóricas como filosóficas, y siguen ciertas normas y reglas que se explicarán más adelante.

En ellos se establecen un horario y el tiempo mínimo que durará el grupo. Son generalmente grupos cerrados, formados por el mismo terapeuta, el que ha conocido en sesiones individuales al paciente. Siempre ha tenido, por lo menos, una o dos entrevistas antes de incluirlo en un grupo. A veces son enviados a un grupo o han recibido la indicación en un taller de fin de semana o en un curso formativo. En general, estos grupos tienen algunas características bien singulares: la mayoría supone que está en el grupo por alguna dificultad personal y por ello no aceptan muy bien a aquellas personas que dicen ir "porque quieren aprender", "porque son terapeutas", o por cualquier razón. Esta actitud diferente de alguno de los miembros, los transforma en posibles causas de dificultad en el grupo y no lo favorece. Las personas que forman estos grupos se sienten, en general, más necesitadas de afecto y de contención que lo que están dispuestas a admitir. El acto de aceptar a un terapeuta y ponerse en sus manos, por así decir, es un primer acto de entrega que hay que valorizar adecuadamente.

Una de las ventajas, que a menudo se menciona sobre las terapias grupales, es lo económico de las mismas en relación a las terapias individuales, refiriéndose al menor costo de las sesiones y, sin embargo, este aspecto es el de menor importancia: la real economía está en la rapidez con que las personas tienen la posibilidad de darse cuenta, tanto de sus conflictos básicos, como de la estructura de carácter que mantiene sus síntomas. Esto sucede así debido a la presencia de otros participantes que, quiéranlo o no, enfrentan conflictos y situaciones que en algún punto tocan algo de lo personal, que visto y sentido, sin estar involucrados personalmente, nos abre una ventana por la que empezamos a darnos cuenta de pequeñas obviedades, que tardaríamos mucho en rescatar en sesiones individuales.

En las sesiones de grupo, aún cuando una persona no hable o participe activamente, el proceso continúa y, en cada sesión, se va reforzando la confianza y el sentimiento de no estar solos para enfrentar lo que nos toque. Nunca se sabe con qué situación o Gestalt inconclusa nos conectará el relato de un compañero y, en el contexto grupal, se presenta la gran oportunidad de poder acceder a una situación conflictiva en el marco de una terapia y con personas con quienes nos une una búsqueda común.

Se sabe que los grupos movilizan y energizan. Esta es una diferencia con la terapia individual, que puede ser llevada por el paciente al ritmo que él desee: aún cuando su intención es mejorar o cambiar, sus modos defensivos le juegan en contra y, muchas veces, pueden impedir que emerjan los conflictos más importantes; de este modo, la persona puede tender a estancarse en su proceso. Por el contrario, el grupo tiene un ritmo propio y tiende a movilizar a sus participantes. La más trivial de las situaciones relatada por un miembro, puede calar hondo en otro participante, así es que nadie puede mantenerse al margen, y la suma de las reacciones individuales es uno de los factores energizantes. Basta que un miembro decida salir al centro para que pronto los demás lo sigan. La fuerza del grupo moviliza, y al paciente se le hace difícil mantenerse al margen cuando todos se comprometen y se esfuerzan.

Los grupos reflejan la realidad, y la reproducen en pequeña escala, a medida que avanza el proceso; cada persona del grupo comienza a interactuar con otros miembros de la misma forma que lo hace fuera del grupo, reproduciéndose el comportamiento social de cada individuo, creándose en el interior del grupo el mismo mundo interpersonal que hay en el exterior. El grupo se convierte entonces en un pequeño laboratorio, ya que lentamente van apareciendo las dificultades personales e interpersonales de cada persona, que al mismo tiempo, se van exhibiendo frente al resto de los miembros. Aparecen la arrogancia, la impaciencia, la timidez, la desconfianza etc., características que salen a la superficie y que facilitan la labor terapéutica a diferencia de lo que ocurre en las terapias individuales, en las que pueden permanecer ocultas por mucho tiempo.

Así como aparecen las características ya mencionadas, emergen también todo tipo de rasgos de personalidad y es la gran diversidad lo que favorece la proyección. Ver al otro y sentirse reflejado, ayuda a ver lo propio (proyección) de manera más evidente, y también ayuda ver cómo los otros individuos lo resuelven.

Existe un efecto sanador del grupo en sí, que ocurre sólo con escuchar, ya que el sujeto, cuando se concentra en el relato o situación de otro, baja sus defensas y puede solucionar situaciones inconclusas o abrirse a nuevas sensaciones, que le permiten elaborar mejor su problema. Por esto mismo, también el darse cuenta es rápido, pues se disminuyen las barreras que lo obstaculizan; se permiten mostrarse y arriesgarse más al ver al otro que lo hace y se compromete... "si él lo hace, yo también". No sólo la persona se compromete con su proceso, también se compromete con el proceso de los demás.

En resumen, los grupos son más rápidos, menos elitistas, entretenidos y variados: se aprende de todos.

Perls era un convencido de que la terapia grupal era lo mejor, y tal como se mencionó, él pensaba que este tipo de terapia pronto dejaría obsoleta a la terapia individual, ya que la consideraba más efectiva, pues ayuda a develar los juegos manipulativos del neurótico y facilita el camino hacia el autoapoyo.

> "Hay otras ventajas al trabajar con un grupo. Gran parte del desarrollo individual puede ser facilitado haciendo experimentos colectivos, hablando jerigonza juntos, o haciendo experimentos de retirada, o aprendiendo la importancia de la atmósfera, o mostrando a la persona en el lugar mismo el modo en que aburre colectivamente, hipnotiza o divierte al ambiente. En la pena o en situaciones de similar carga emocional, ocurren frecuentemente reacciones en cadena. El grupo aprende pronto a entender la diferencia entre ayudar, independientemente de la buena intención que implique, y el verdadero apoyo. Y, al mismo tiempo,

> las observaciones que hace el grupo de los juegos manipulativos del neurótico, de los roles que actúa con el objeto de mantenerse en un estado infantil, facilitan su propio autor reconocimiento". (...)
>
> Siempre es una experiencia profundamente conmovedora para el grupo y para mí, el terapeuta, ver como personas que, hasta entonces, han sido meros cadáveres robotizados, comienzan a volver a la vida, logran mayor sustancialidad, comienzan la danza del abandono y la autorrealización. La gente de cartón se está transformando en gente de verdad". (Perls, 1993, p. 26).

A propósito de lo dicho por Perls, Adriana Schnake, ha planteado en sus cátedras que lo que hace que los grupos terapéuticos sean tan eficientes tiene que ver con la energía y la fuerza que emana de ellos. Por esa enorme fuerza, se hace difícil mantener las defensas neuróticas más habituales, en un grupo donde todos están dispuestos a mostrarse lo más verdaderos posibles. Las máscaras que usamos en los roles sociales más habituales quedan rápidamente en evidencia.

También está presente la seguridad de que el grupo premia las respuestas afectivas más sanas y no las neuróticas. Aunque "el neurótico no ve lo obvio", como decía Perls, el grupo sí ve lo obvio, que cada miembro puede estar negando. El terapeuta capaz de facilitar una confrontación con aspectos neuróticos y defensivos de uno de los miembros, siempre encuentra apoyo en el grupo: éste es un apoyo tácito, que también el paciente percibe y que le impide continuar con una actitud falsa o neurótica.

El grupo obliga a ser más espontáneo, pues la persona no puede preparar el cómo comportarse pues no sabe qué le espera, es una sorpresa para ella lo que sucederá en el grupo y no se sabe qué giro tomará la dinámica grupal pues no depende sólo de ella, lo que lo obliga a responder de forma más espontánea y natural. En cambio, en la terapia individual sí puede llegar más preparado y con roles más estereotipados; incluso, puede decidir no mostrar lo que no desea mostrar y puede, hasta cierto punto, conducir la conversación por donde él desea.

El grupo tiende a premiar las conductas más sanas y reforzar en los participantes lo positivo, castigando abiertamente las conductas inapropiadas o neuróticas de los participantes. En esto, es fundamental la postura del terapeuta, pues éste hace de modelo sobre lo que se debe premiar y sobre lo que se sanciona. Este refuerzo no ocurre siempre en la terapia individual, ya que hay terapeutas que permiten continuar con una conducta neurótica sin frustrarla o criticarla por dificultad de enfrentar al paciente, o simplemente, otros, que se aprovechan de los rasgos neuróticos del paciente para mantenerlo en tratamiento.

Los grupos tienen que tener claro el objetivo por el que se reúnen, y respetar las reglas fundamentales de la Gestalt, aceptando que la terapia de grupo es una especie de terapia individual, que se hace en grupo. Así, cuando un paciente está en el centro, el resto forma parte del fondo y no puede interrumpir el trabajo que el coordinador hace con esa persona. El grupo tiene que mantener un alto grado de alerta y compromiso con lo que está ocurriendo, y actuar cuando el coordinador invita a ello, ya sea expresándole a la persona lo que siente o lo que ha sentido, o de cualquier otro modo que el coordinador estime necesario (como contenedores, como parte de una resistencia o peso que el paciente no puede sostener).

El grupo es algo que se construye entre todos y no depende exclusivamente del terapeuta ni menos de un participante cualquiera. El paciente que llega, debe acomodarse a la situación que se esté dando, situaciones que por lo demás son generalmente desconocidas para él y por ello se ve obligado a actuar desde lo que siente y desde lo que es, lo más espontáneamente posible, mostrándose tal cual es, sin tapujos y con gran honestidad. Esto evidentemente favorece la terapia, pues el terapeuta puede intervenir más pronta y adecuadamente, mostrando al paciente sus resistencias ayudándolo a vencerlas y superarlas lo más pronto posible. Por ello, se dice que en la terapia de grupo pueden producirse cambios rápidos.

Finalmente, el rol del coordinador del grupo es esencial y las características o aptitudes que realmente favorecen el buen desempeño de un coordinador tienen que ser las características esenciales de la personalidad de éste: capacidad de aceptar bien el rol de coordinador, excelente escucha, gran capacidad de empatía, confianza en la capacidad de comprensión e inteligencia del grupo.

Adriana Schnake, considera que "un buen conductor de grupo" *no debe eludir su sitio directivo, ni tratar de aparecer democrático y comprensivo.* La situación no es igualitaria: uno, el coordinador tiene la responsabilidad de que ese grupo no sea iatrogénico, que no surjan problemáticas inventadas; que no se use con fines no estipulados previamente; que las personas que forman el grupo mantengan su autonomía; que no sean manipuladas a objetivos ajenos a su propio crecimiento personal o *awareness* de sus propias necesidades y conflictos.

El coordinador de un grupo tiene que saber y conocer todos los errores que se pueden cometer y las consecuencias de los mismos. Ninguna interrupción de un miembro de un grupo es un simple trámite. Cualquiera intervención puede tener un 'efecto mariposa'.

Desde el inicio, ambos —el grupo y el conductor—, tienen que saber y asumir la no simetría de la situación. El que el coordinador acepte esta no simetría y no pretenda ser democrático, no significa en absoluto que sea despótico y autoritario.

Muchos grupos de Gestalt, sobrevaloran la horizontalidad relativa entre terapeuta y cliente en la terapia, y pretenden erróneamente que el coordinador tenga libertad plena de opinión y acción, lo que resta toda eficiencia a los grupos, y ayuda a mantener la neurosis de sus miembros y agota todas las energías del conductor.

Desde el inicio, el coordinador debe ser claro y afirmar categóricamente la genial observación de Perls: "La neurosis es una interrupción".

Entender esto, debe ser uno de los pilares básicos de toda buena conducción. No se puede permitir que el grupo se "neurotice" o se "psicotice". Tampoco el conductor puede permitirse el lujo de exponerse a un rol para el que no iba preparado.

Aquí no se trata de que exista el grupo como una entidad orgánica a la que se quiera enseñar o mejorar de algo. Son personas individuales que participan y que cuando a cualquiera de ellas le toca actuar para trabajar algo, el coordinador necesita conectarse directamente con ella y no ser interrumpido. Para ello puede tomarse el tiempo que desee.

El terapeuta o coordinador de un grupo Gestalt, habla conectado con la situación actual y presente. Por lo tanto, no debe permitir que se lo interrumpa con preguntas que muestran la dificultad de escucha de algún asistente. Para un coordinador que tiene clara su propia capacidad de ser participante en grupos de duración prolongada y que ha desarrollado ampliamente su capacidad de escuchar, esta exigencia le resulta fácil.

La escucha del coordinador es su arma principal. Es esto lo que hace eficiente su actuar y favorece la relación transferencial positiva con cada miembro del grupo.

Cuando alguien habla, desde el momento de su presentación, el coordinador lo escucha y la persona se sabe escuchada, incluso en sus silencios.

En los grupos terapéuticos se manejan muchas emociones contenidas. La dificultad es mayor, mientras más evolucionados y compactos se sienten los grupos.

El coordinador de grupo debe intentar desarrollar cualidades que sirvan para su labor. Para ello es recomendable que esté en un permanente proceso de revisión y crecimiento interno. Esto debiera llevarle a ser una persona íntegra, coherente, comprensiva y empática, que despliegue confianza y, por sobre todo, que sea auténtico. Tampoco se trata de que para ser coordinador de grupos debamos esperar estar enteramente libres de conflictos. Pero sí debemos estar en el camino de la terapia personal o, en todo caso, supervisión, e intentar siempre dar lo mejor de nosotros mismos. El coordinador de grupo no es una *superwoman* ni un *superman*, ni tienen que aparentarlo. Basta con que sean personas éticas y honestas consigo mismas, y con la humildad suficiente como para pedir ayuda cuando la situación lo amerita.

Lo más importante de un terapeuta es establecer un buen vínculo con la persona que nos consulta. Para ello, primero debemos trabajar con nosotros mismos y nuestra capacidad de ponernos en el lugar del otro, vivenciando lo más posible su modo de estar en el mundo. Debemos ser flexibles, sobre todo frente a actitudes y valores, muchas veces, muy diferentes de los propios. Debemos ser desprejuiciados, abiertos y estar dispuestos a entender, si bien no necesariamente justificar, la postura del que está frente a nosotros. Desarrollando las características del terapeuta humanista: la confianza, la congruencia, la honestidad.

La terapia, finalmente, es un proceso donde están en juego elementos valóricos aunque no se nombren de esa manera. También es importante desarrollar nuestra capacidad de juego y de goce.

El buen vínculo se construye, por sobre todo, con la honestidad y el buen contacto. De algún modo, se les pide a los miembros del grupo que confíen en el terapeuta y que se abran, así como también, es necesario que el terapeuta se abra, se muestre frente a los otros, se la juegue. Y eso es algo que los pacientes lo captan muy bien y lo aprecian. Así, para mostrarse, debe expresar sus propios sentimientos y los pensamientos que surjan de la situación en el aquí y ahora, y que sean de utilidad terapéutica al grupo. Hay cosas que el terapeuta sabe de sí, y de algunas personas, que no es legítimo hacer públicas —incluso en un grupo terapéutico Gestalt. La honestidad se refiere exclusivamente a lo incuestionable—, o sea lo que tú, como terapeuta, puedes estar sintiendo en el momento, por ejemplo: estoy enojado, disgustado, interesado, aburrido —ese tipo de cosas, que por lo demás son visibles por los demás— o sea, se notan. La revelación que se puede hacer ante el grupo de algo que le pasa al terapeuta, tiene por objetivo despejar las fantasías y las sospechas de los integrantes, al ver en él manifestaciones corporales de que algo le sucede. Además, decir lo que le sucede, no es lo mismo que decir el por qué le pasa. 'Lo que le sucede' es una alocución fenomenológica que nadie puede discutir, hablar sobre el porqué pasa algo ya es salirse de lo fenomenológico y caer de lleno de en la interpretación.

Es básico y necesario no subestimar al paciente que se tiene enfrente, por estar dopado con algún medicamento o por otra causa, pues éste puede percibir, oler, intuir lo que le está sucediendo al terapeuta, y no se puede ocultar lo evidente... Sobre todo, cuando se trata de un grupo de adolescentes, se debe cuidar mucho la honestidad, pues ellos son muy intuitivos, al igual que los niños. La honestidad y la sinceridad en el trato, establecen un ambiente de confianza y un buen vínculo con el otro.

El terapeuta ideal debe ser maduro emocionalmente, y haber sanado y cerrado las situaciones inconclusas o irresueltas de su propia vida. Lamentablemente, esto no siempre es así. Hay muchos, tal vez una gran mayoría, diría yo, que han tenido grandes problemas en sus vidas —lo cual es curioso porque eso los hace más sensibles y aceptantes de los problemas y falencias de los demás. Hay que recordar que la psicoterapia, que es relativamente nueva, comienza por la intención que tuvo Freud de hacerse terapia a sí mismo —y cuya vida dista mucho de haber sido sin problemas. "El hombre nace roto, vive remendándose" al decir de Eugene O'Neill. Por ello, más bien diré que el terapeuta debe tener capacidad de darse cuenta de sí mismo y de ser muy consciente de sus propias dificultades para asistir al otro con objetividad y con tranquilidad.

También, es importante desarrollar la capacidad lúdica del propio terapeuta. El juego sigue siendo una gran herramienta en la Gestalt, especialmente el juego de los roles, los cuales nos permiten jugar diferentes papeles, representar a distintos personajes y en definitiva, jugar con nosotros mismos de un modo lúdico y humorístico. Es indispensable tener sentido del humor. Primero, con uno mismo, siendo capaces de no tomarnos demasiado en serio, y también, ser capaces de reírnos con los demás y no de los demás.

El terapeuta gestáltico debe tener una mirada fenomenológica. Aprender a describir el fenómeno sin interpretar ni juzgar; con una mirada limpia, dándose el tiempo de mirar al otro, percibiendo los detalles de aquello que relata, su modo, su postura, las inflexiones en la voz... Abriendo y percibiendo con todos los sentidos, dándose todo el tiempo necesario para empatizar con "su película" sin dejarse llevar por ésta.

Caso Nicole

Recuerdo una ocasión en que una chica (Nicole, de 15 años) del grupo de adolescentes, me dijo que a ella le gustaba mucho el "gore" (de "sangriento" en inglés, que debiera llamarse "lo espeluznante") y que eso le estaba trayendo grandes problemas. Yo ni siquiera sabía lo que era el gore, nunca había escuchado eso y le pregunté de qué se trataba. Me explicó que en Internet hay imágenes sangrientas donde se muestran accidentes, descuartizados y cosas por el estilo, pero que siempre debía mirarlas en la noche para que no la pillaran. Ya la habían sorprendido un par de veces y los adultos (su madre y luego una tía), quedaron absolutamente choqueados. Realmente me sorprendió con lo que dijo, sobre todo por hacerlo a escondidas: supuse cosas horribles. Sin embargo, yo siempre sentí un gran aprecio por Nicole y si a ella eso le atraía, al menos a mí me interesaba saber qué de esto le podía realmente gustar; entonces, ocupando una mirada absolutamente abierta y positiva le pedí que me relatara con todo detalle lo que había visto la última vez. Era la escena de un atropello: la persona estaba totalmente desecha, por su cara había pasado un neumático y uno de sus ojos, entero, había saltado a cierta distancia... y no sólo eso, fueron muchísimos detalles sangrientos, frente a lo cual, lo único que se me iba haciendo cada vez más claro, era la naturalidad y tranquilidad con que ella los relataba, era increíble. En un momento, cuando relataba sobre una pierna, recuerdo haberle preguntado: "¿y te gustan los muertos tanto, como que te llevarías una pierna para tu casa?" Y respondió: "sí, me encantan". Entonces, pregunté "¿te gustan tanto como para acurrucarte y dormir con una pierna?". "No, Marina, eso es asqueroso, dormir con una pierna, no", dijo, "me gusta por saber más de cómo es una pierna, me gustaría saber qué le sucedió realmente y cómo murió". De pronto se me hizo la luz y entendí que lo que Nicole me estaba diciendo, para ella era algo agradable o más bien, una especie de desafío el saber 'el qué y el cómo' de la cosa ocurrida, para ella era interesante investigar. Le dije: "Sí, por supuesto, ahora entiendo ¿te gusta esto de investigar?".

Esa fue una de las sesiones más productivas con ella. Rápidamente capté que Nicole tenía lo que muchos llaman "sangre fría", esa capacidad de *suspender las emociones*, es decir, poder controlar las emociones completamente y que, para aquellos que lo logran, es un maravilloso recurso para sobreponerse a los accidentes y otros eventos traumáticos.

El neurólogo Antonio Damasio (2000) en su libro *Sentir lo que sucede* nos habla sobre este tema y plantea que es casi imposible controlar a voluntad una emoción, pues la maquinaria biológica que sustenta la emoción no depende de la conciencia. Dice:

> "Nuestra capacidad de interrumpir una emoción es equiparable a nuestra habilidad para evitar un estornudo. Podemos intentar prevenir la expresión de una emoción, y acaso lo logremos en parte, aunque no totalmente. Algunos llegamos a ser bastante hábiles en el asunto, pero, en esencia, lo que logramos es la habilidad de disimular ciertas manifestaciones externas de emoción, sin ser

capaces de bloquear los cambios automáticos que ocurren en la vísceras y el medio interno". (Damasio, 2000, p. 65).

Sin embargo, también menciona algunos casos y excepciones de sujetos que sí controlan a voluntad sus emociones y en su libro se refiere a aquellos que pueden controlar indirectamente los latidos del corazón y de la presión arterial, con procedimientos como el *biofeedback*. También hace mención de una extraordinaria excepción: una pianista, quien podía modificar el gráfico de su conductividad dérmica a voluntad, también alterar su ritmo cardiaco y cambiar su conducta.

Por ello, me pareció más bien maravilloso que Nicole pudiera tener esta facultad de suspender sus emociones, y juntas comenzamos a pensar cómo ella actuaría de rápido en un accidente como el de trenes en Atocha (Madrid) y cómo su capacidad probablemente le ayudaría muchísimo a otras personas, pudiendo salvar vidas y recuperando miembros perdidos en el caos humano. Así finalmente, en esa ocasión le dije que tal vez ella sería una excelente médico forense, o que tal vez podría trabajar en primeros auxilios: la idea le gustó tanto, que claramente comenzó a pensar ser médico o algo similar en su vida futura.

Esto es lo que yo llamo **una mirada limpia sin prejuicios,** que me permitió entender el verdadero sentido de lo que le sucedía y canalizar lo mejor posible algo que, hasta ese momento, lo vivía como terrible y malo, algo que, incluso, podría llegar a ser una cualidad: por ejemplo en el caso de que optara por ser matrona o médico cirujano.

Ahora, volviendo a las cualidades del coordinador de grupo, diré que debe tener una postura positiva, de optimismo y confianza en el ser humano. Esto responde a la profunda creencia en la capacidad autosanadora de las personas. Del mismo modo como las heridas pequeñas se sanan solas, el ser humano, como totalidad, tiende a sanarse solo en el mejor de los casos. El terapeuta y el grupo pueden ayudar a destrabar este mecanismo que, a veces, se atasca por creencias erróneas o por situaciones no asumidas íntegramente y, por ende, no concluidas.

Por eso se hace necesario tener una mirada humanizadora y esperanzadora del otro, con un profundo respeto por la persona que tenemos al frente, aprendiendo a admirar al otro. Cada persona tiene de admirable el ser quien es, a pesar de todas las circunstancias de su vida o más bien gracias a todas las circunstancias de su vida: no podría haber sido distinta.

Se debe evitar establecer límites propios de otras orientaciones, tales como considerar "al paciente como el enfermo y al terapeuta como el sano". Se debe tener una confianza real en la persona, en el ser humano; confianza en la capacidad de reponerse, de salir solo, de encontrar el propio camino, con una gran confianza en la persona y confianza ciega en la capacidad de autorregulación del organismo. A veces, la mera confianza en la persona que se tiene al frente, es todo lo que ésta requiere para confiar en sí misma y salir de adelante.

También, es de mucha ayuda la postura existencial del propio terapeuta. Muchos adolescentes se conectan por primera vez con el tema de la muerte. Pues, en esa etapa, surgen las primeras dudas existenciales, el sentido de sus vidas, el si vale o no la pena vivir así; en fin, se cuestionan existencialmente sus vidas y esta postura ayuda a entenderlos y ponerse en su lugar, sin clasificarlos o catalogarlos de "manejadores" con el tema de los intentos de suicidio u otros. Simplemente respetándolos y entendiéndolos.

Otro punto importante, es el dar el tiempo necesario que requiere la persona y no apresurar (por apuro o ansiedad del terapeuta) el proceso del otro. A veces, la terapia nos parece milagrosa y, en realidad, lo que ha ocurrido es que la persona ha llegado al fin de su propio proceso y está frente a una nueva puerta, la puerta se abre y viene el cambio: tal vez un cambio que de igual forma se iba a dar con o sin ayuda terapéutica. Para saber, realmente, en qué parte de su proceso está, es importante preguntar a la persona: ¿cuánto tiempo crees que necesitas para lograr este cambio que planteas? ¿Sientes que estás en el inicio de tu proceso? ¿En la mitad? ¿O crees que ya falta poco para este cambio?

Esto sirve, tanto para el terapeuta, para no ponerse ansioso y apresurar demasiado, al saber que la cosa da para largo, como para el paciente, que sabrá que le respetan y que se le brindará el tiempo necesario.

En suma, un buen terapeuta debe ser una persona coherente, congruente, comprensiva, empática, que despliegue confianza, que sea auténtica, optimista, tolerante, espontánea, flexible, con humor, con madurez y con creatividad; es decir, con capacidad de ver la situación desde muchas perspectivas y posibilidad de integrar elementos dispares para generar un todo coherente. Debe tener una postura positiva, abierta, fenomenológica, confiar en el otro y, por sobre todo, respetar al que tenemos frente a nosotros. La lista es larga y no deseo desmotivar a nadie. Todo esto son recomendaciones y sólo eso. Además, como personas sabemos que podemos funcionar de esa manera en algunas situaciones —y posiblemente también de manera diametralmente opuesta en otras situaciones. De modo que yo sé que todos pueden, de alguna forma, traer a la superficie esas cualidades que he ido describiendo y tenerlas a la mano cuando inicies tus primero grupos. Ojalá todos podamos llegar a ser buenos terapeutas gestálticos, aunque, por el momento, cuando aún estamos en el proceso, tal vez basta con intentar ser mejores personas y más conscientes de nosotros mismos. Mi intención es que, simplemente, nos permitamos ser lo que somos, mostrándonos y comprometiéndonos por entero por quien requiere nuestra ayuda, pues de él podemos aprender mucho, y eso requiere de humildad. Para muchos, el poder que les da el liderar un grupo es lo que los atrae. Creo que esto es un terrible error.

Ahora bien, antes de iniciar el grupo terapéutico es bueno comenzar por planificar en qué consistirá este grupo, a qué tipo de pacientes estará dirigido, con qué tipo de problemática, con qué recursos y espacios se puede contar en cuanto a la infraestructura, número de sesiones que se realizarán, tiempo considerado y, también, si se trabajará solo o con algún coterapeuta. Esto será desarrollado con profundidad en el capítulo III.

8. El uso de técnicas y ejercicios en grupos

Una de las vías terapéuticas más empleadas en la terapia Gestalt es el representar, o más bien, el revivir los conflictos internos en el presente. Para ello, generalmente, se utiliza **la silla caliente,** técnica desarrollada por Perls, y que consiste en poner dos sillas frente a frente, en una de las cuales se sienta el paciente y en la otra, vacía, se simula que se encuentra la otra persona con la que el paciente está en conflicto y con la cual se establece un diálogo. La silla caliente o silla vacía como ha sido llamada también, permite al individuo reconocer los conflictos con mayor facilidad y, sobre todo, le permite un acercamiento intenso al núcleo conflictivo que genera tensión. El modo fenomenológico enseñado desde la Gestalt permite ponerse en el lugar del otro, ser el otro por un momento, conectarse con sensaciones y emociones del otro, con sus proyecciones y, sobre todo, permite un modo más abierto, más consciente y menos alienado que el habitual modo de ver la relación con el otro. Es decir, permite con una facilidad asombrosa, pasar de una vivencia a otra, de una emoción a otra, con lo cual, puede captar lo esencial de la vivencia temporal. Lo esencial es muchas veces negado, las personas hacen pasar a primer plano aspectos secundarios, que no existen sino en el pensamiento (fijaciones), pues organísmicamente las cosas ocurren de un modo diferente. Este es el verdadero trabajo de la Gestalt y sólo se puede hacer "vivenciando" aquello de lo que nos estamos quejando. De este modo, el paciente al hacer una silla caliente, se conecta con las emociones que no ha querido ver antes y deja de echar la culpa al otro. Asume sus emociones y se responsabiliza de ellas. Es así como se completa una Gestalt.

Esto fue lo que descubrió Perls genialmente, esta unidad básica del organismo, que se puede dividir momentáneamente, para estudiar y entender que cada momento tiene "conciencia" de la totalidad. Es el *awareness*, que hemos traducido como "darse cuenta", que es lo básico de la Gestalt, como dice Perls: sin este *awareness* no hay nada.

Similar a la silla caliente, tenemos en Gestalt los roles, esculturas, representaciones familiares u otras dramatizaciones que se utilizan con el mismo objetivo de la silla caliente; es decir, como apertura de conciencia. También, se utilizan como métodos de exploración de adaptaciones sociales que dan lugar a esquemas rígidos de conductas, permitiendo a la persona explorar y modificar situaciones reales pasadas y futuras.

Las técnicas ayudan y son parte importante del proceso terapéutico, pero el terapeuta no debe confundirse y transformarse en un demostrador de técnicas; por el contrario, debe mantener su rol de guía y ser un experto en utilizarlas para lograr que sirvan a su propósito. El terapeuta debe ser un experto en el cómo, cuándo y en qué momento utilizarlas. Las técnicas son sólo herramientas para la expresión y no debemos sobrevalorarlas, pues falsamente, y desde el desconocimiento muchas veces se les ha atribuido a ellas la mejoría del paciente.

Por ello, al hablar de técnicas es necesario recalcar la importancia del vínculo terapéutico, de la relación terapeuta-paciente, y cómo éste es esencial en el momento de evaluar la mejoría del paciente. Pareciera ser que, más allá de las técnicas que se ocupen, y de las teorías que las sustenten, lo esencial es ser un buen terapeuta y establecer un buen vínculo con el paciente.

Claudio Naranjo (2000) nos dice al respecto, en su libro *La Vieja y Novísima Gestalt*:

> "Si la efectividad de la psicoterapia fuera completamente dependiente de la totalidad de sus técnicas, podríamos esperar que algún día las computadoras tomaran a su cargo las funciones del profesional y que los enfoques tipo 'hágalo usted mismo' que exponen el detalle procesal del enfoque, fueran tan efectivos como la situación interpersonal. Este es un punto de vista que, hoy en día, la mayoría de los psiquiatras rechazaría a partir de la convicción

> de que lo crítico en el proceso de curación es la relación personal entre médico y paciente.
>
> El profesional con habilidad en psicoterapia es, por sobre todo, aquel que puede producir acción real, más allá de las acciones superficiales, las cuales, si no están respaldas con la actitud apropiada, no son más que un ritual vacío. Es capaz de detectar la actitud exacta, reforzarla, exigirla, enseñarla, pues la conoce en sí mismo. Cualquier libro puede describir una técnica, pero una actitud debe ser transmitida por una persona". (Naranjo, 2000, pp. 11-13).

Los ejercicios en grupos son muy diversos y son bastantes difíciles de clasificar, ya que pueden servir a diferentes propósitos. Los ejercicios de grupo son una herramienta y, como tal, deben usarse con un claro objetivo terapéutico, siempre sabiendo para qué y qué deseamos lograr con el mismo. También, como toda herramienta deben modificarse o adaptarse si es necesario. Es importante ser creativos e idear ejercicios que puedan facilitarnos la tarea propuesta y que siempre se generan desde una mirada fenomenológica del grupo. El o los coordinadores se conectan con el "aquí y ahora" del grupo y exploran los supuestos posibles y, desde éstos, crean o recrean un ejercicio adaptando a la necesidad del grupo.

A lo largo de los capítulos que siguen, podrás encontrar una descripción del proceso terapéutico en el desarrollo de las sesiones grupales, así como los ejercicios más utilizados y recomendaciones para trabajo terapéutico grupal. Finalmente, en el capítulo VI de presentación de casos, se puede apreciar una diversidad de técnicas empleadas en casos concretos.

Capítulo II

El proceso grupal terapéutico y sus sesiones

El proceso grupal, como todo proceso terapéutico tiene un comienzo, un desarrollo y un fin. Cada una de estas instancias tiene un objetivo diferente. Por una parte, veremos el proceso grupal con sus primeras sesiones, especialmente dedicadas a la formación del grupo; luego vendrán las sesiones de consolidación terapéuticas y, finalmente, las sesiones de cierre de grupo.

Cada uno de estos temas irá acompañado de una bitácora de grupo, que ha sido extraída de grupos reales, en la cual se podrá entender mejor la aplicación práctica de lo planteado en ellos. Posteriormente, se verán algunos casos realizados durante las sesiones de profundización terapéutica.

1. Primeras sesiones para formar y consolidar el grupo

Al comienzo, es bueno favorecer la cohesión grupal señalando los intereses, actitudes y situaciones que son comunes a los miembros del grupo. Se debe comenzar por ejercicios que favorezcan el conocimiento de las personas, y que los ayuden a sentirse en confianza y con mayor cohesión. Es importante no forzar la marcha y respetar el tiempo necesario de cada participante.

Al iniciar un grupo se comenzará con la presentación de los participantes y del coordinador. Seguramente existen muchas de formas de hacerlo y no tiene mucho sentido reproducirlas aquí. Lo importante es introducir al paciente en el modo gestáltico; es decir, hablando desde la primera persona del singular (yo) y en tiempo presente, no para destacarse ni ser autorreferente, sino con la única intención de aprender a responsabilizarse de lo que se dice. En cuanto al contenido, debe hacer referencia lo que siente y cómo lo siente, dejando de lado pensamientos, juicios, o fantasías. Dándose cuenta de qué desea decir realmente y qué le lleva a hablar en ese instante; conectándose consigo mismo e intentando reflejar lo más auténticamente posible lo que siente: una pincelada existencial de uno mismo, de tal modo, que los demás puedan sentir algo al escuchar y ver al que se está presentando.

Para ello, el terapeuta comenzará con alguna consigna que lo conecte con el momento actual y en la situación actual. Algo como "quién soy yo aquí y ahora", incluyendo sentimientos, más que promover el currículum de cada persona, que en eso ya todos son expertos. En fin, intentar una presentación al estilo gestáltico comenzando por el propio terapeuta, con la consigna para dar la pauta de cómo seguir.

Deberemos intentar no interrumpir la presentación de todo el grupo y por ello velaremos que ésta sea relativamente equitativa en el tiempo que use cada participante. Además, si uno de los participantes se pone a llorar al relatar algo, le diremos: "termina tu presentación, luego habrá tiempo para volver sobre esto". De alguna forma, con esto estaremos enseñando al grupo parte de las reglas, y también transmitiremos confianza y seguridad, pues en Gestalt tomamos la figura que surge, pero también respetamos la figura principal y si nuestro objetivo era la presentación, debemos continuar con ella. Estamos, como terapeutas, jerarquizando las necesidades del grupo.

Al inicio del grupo es cuando se hace más necesaria una actitud contenedora de parte del coordinador, capaz de señalar con seguridad, confianza, claridad y tranquilidad los límites del grupo. Es aquí donde la frase de Adriana Schnake, cobra todo su sentido, cuando dice, refiriéndose al conductor de grupo: "No elude su sitio directivo, ni trata de aparecer democrático y comprensivo". La situación grupal no es igualitaria, y las demandas de los participantes tampoco lo son, surgirán una y otra situación y que requerirán distintas soluciones de parte del coordinador, tanto en tiempo como en dedicación, en las cuales no se pretenderá ser igualitario. No se trata de una torta que se reparte a todos por igual, se trata de personas con problemáticas diferentes y vivencias diferentes; por lo tanto, se debe atender a cada una de ellas según sea la situación, siempre atentos, tanto a lo individual como a lo grupal de dicha situación. Se asemeja a la relación con los hijos, a los cuales, personalmente, no les doy a todos por igual sólo por el hecho de ser democrática, sino más bien doy según lo que realmente cada uno necesita en esa ocasión particular, y me tomo el trabajo de explicárselos para que entiendan el sentido de lo que estoy haciendo.

En las primeras sesiones, no es bueno realizar ejercicios de contacto físico ya que éstos aumentan la paranoia en los participantes. Ya viene cada participante con su propia cuota de miedo, que tiende a aumentar su paranoia, pudiendo sentirse observado o criticado por los otros y en una situación de cierto riesgo, donde cuida tanto lo que dice y lo que hace. Por ello, el tocarse o aproximarse demasiado puede ser algo aún más perjudicial. Más bien, por el contrario, debemos realizar ejercicios que ayuden a establecer la confianza y, para ello, comenzar por disminuir la paranoia, trabajando con ella.

2. Trabajando la paranoia

El más eficiente y rápido modo de trabajar la paranoia en los grupos, es a través del ejercicio de proyecciones, también llamado ejercicio de agresiones: este ejercicio es recomendable en la primera sesión, pues los participantes no se conocen, y seguramente las agresiones que emergerán tendrán más que ver con sus propias proyecciones que con el que está al frente. Es un ejercicio largo, y por ello se debe tener el tiempo suficiente para ello, si no se dispone del tiempo necesario, se recomienda trabajar con otros ejercicios similares, que también apunten a lo que están proyectando para disminuir la paranoia.

El ejercicio consiste en que se les pide a los participantes, que, uno a uno, se miren y que vayan diciendo lo que les surja del otro, pensando en cosas desagradables, molestas o incómodas del otro. No se aceptan palabras o frases positivas que decoren o adornen lo malo por ejemplo: "eres buena moza, pero tal vez muy seria"... se le debe decir simplemente "seria" o "cara de palo". Se trata aquí de que expresen en una o dos palabras lo negativo que ven en el otro, sin tapujos, que pongan fuera sus prejuicios en ese momento en que aún no se conocen, y que se permitan expresar lo que les molesta del otro sin reparos. Se debe ser descalificativo. Muchas veces, hay alguien el grupo que ya lo ha hecho antes en otro grupo, y es ideal partir con él, que podrá dar la pauta o modelo al cual los demás deban seguir. De no ser así, simplemente reforzar lo bueno que es, el poner fuera lo que realmente estamos pensando, etc. (obviamente en esta descalificación el terapeuta queda excluido pues él sí conoce a sus pacientes).

El terapeuta hace una lista con lo de lo que cada uno de los participantes va diciendo y, al finalizar la rueda, le lee a cada uno lo que ha dicho de los demás, debiendo la persona reconocer cuánto de esto rechazado posee en sí mismo. Así los participantes se conectan con las características rechazadas y negadas en ellos mismo; se escoge aquella característica más negada, aquella que la persona dice no tener nada de ello y se distribuyen roles. Posteriormente, se trabajará con las proyecciones en roles. Para realizar los roles se permite buscar personajes históricos, públicos u otros conocidos por ellos, que tengan esa característica. Así los participantes se deben disfrazar y jugar a ser esos personajes, por lo menos durante 45 minutos. En el ejercicio de roles, al "no ser ellos mismos", sino alguien que está "representando" lo que no es, el contacto deja de ser riesgoso y permite mucha espontaneidad en la representación y en la vivencia de eso tan desagradable que le carga a cada uno. Lo interesante, es cuando, después de haber transcurrido unos minutos o un tiempo suficiente, la persona se da cuenta de lo agradable que puede llegar a ser de ese modo (negado).

En el juego de roles tenemos una oportunidad increíble para "trabajar las proyecciones". Sabemos que gran parte de lo que nos molesta de los otros tiene que ver con nosotros mismos, ya sea porque lo tenemos y no nos gusta tenerlo, o bien, porque lo encontramos horrible y nos esforzamos por ser lo contrario. En ambos casos, es un tema interno no solucionado y tiene que ver con nosotros. Es algo que nos molesta internamente y proyectamos al exterior. Así, por ejemplo, Roberto puede estar proyectando en Francisco la pasividad... puede que Roberto no tenga mucho de pasivo, pero lo poco que tiene no lo tolera... le carga la pasividad y lo proyecta en el otro y le cae mal el otro que se permite ser tan pasivo, así sin tapujos... Roberto no tolera la pasividad en sí mismo, menos la puede tolerar en otros. La idea es, entonces, aceptar que es una pelea interna y tomar conciencia de ello para dejar en paz o entre paréntesis a la otra persona, y poder darse cuenta que es probable que ésta sea una polaridad negada de Roberto.

Para finalizar el trabajo de roles, también se realiza durante una media hora el rol opuesto al que se ha estado representado, y que suele ser bastante parecido al rol habitual de la persona; finalmente se vuelve al aquí y ahora y se explica claramente lo que son las proyecciones y cómo se dan en la persona para trabajar con sus propias polaridades.

Para sintetizar sobre el inicio de los grupos, es bueno comenzar limpiando los prejuicios y proyecciones entre los participantes: es algo que nos permitirá un mejor modo de formar un grupo, es un modo de comenzar desde cero, más transparente y más verdadero. Cuando las personas han podido mostrase sin caretas frente a los otros, se abre un espacio de encuentro muy especial, que permite conocerse realmente entre ellos y que brinda la confianza necesaria para poder ir profundizando en la terapia.

Es importante señalar que el modo cómo se realice esta limpieza de las proyecciones depende del tiempo que se disponga, pues, para llevar a cabo el ejercicio antes señalado por completo, es bueno que sea en un intensivo, donde se tiene el tiempo suficiente para sacar a luz las agresiones (1 hora 30 min.); se puede explicar con calma las proyecciones (1 hora) y da el tiempo suficiente para ir poco a poco viendo, con cada participante, lo que más rechaza de sí mismo (1 hora 30 min.); y, luego, tener el tiempo suficiente para trabajar con roles (1 hora 30 min.) y, finalmente, el *feedback* (1 hora). Por ello, normalmente reservo esta técnica para los intensivos grupales, que son un fin de semana completo. Sin embargo, técnicas similares, que permitan expresar las proyecciones tomando en cuenta que los participantes no queden heridos, son aplicables para cualquier grupo que se lleve a cabo una vez a la semana.

Bitácora de grupo: el inicio

En mis grupos terapéuticos, acostumbro escribir una especie de diario de vida de los mismos, es decir, una bitácora en la cual se va registrando lo que se ha realizado, sesión a sesión. Es interesante, pues, a final de cada grupo, al llevar un registro de lo que se realizó en uno y otro sirve para sistematizar y comparar el trabajo grupal. Me parece importante mencionar que esta bitácora se va construyendo en el encuentro con los participantes. Aunque suelo tomarme unas horas antes de cada grupo para pensar y repasar lo sucedido con anterioridad, y planificar qué tipo de ejercicios podría facilitar el proceso grupal en el que nos encontramos, o bien qué tipo de ejercicio puede servir especialmente a tal participante para abrirse y mostrarse, etc., debo reconocer que siempre el plan se modifica y la bitácora se construye con la dinámica surgida del grupo. La dinámica es algo espontánea, y no podemos planificarla. El pensar en ejercicios o hablar de lo sucedido con el coterapeuta es más bien un modo de entrar en calor o en la atmósfera del grupo.

Cada bitácora de grupo es, por tanto, diferente, pues en cada grupo se dan situaciones diferentes, por lo cual es difícil planificarlas con anterioridad. Ahora bien, aunque en cada grupo las dinámicas son diferentes, sí podemos ver que hay patrones que se repiten; por ello, al inicio siempre debemos tener como objetivo la formación del grupo como tal, acentuando las actividades que fomenten la confianza y cohesión entre los participantes, sin descuidar el objetivo terapéutico personal y grupal; desarrollar trabajos reales y con cierta profundización terapéutica.

A continuación, presentaré el caso de un grupo terapéutico que dirigí hace unos años, en el cual he cambiado los nombres para mayor discreción. Se trata de un grupo de una duración de 9 meses (de abril a diciembre), con encuentros semanales los días jueves, de 19 a 22 hrs. En el grupo participaban 13 personas, más la terapeuta y coterapeuta, pero en el que finalmente sólo quedaron 12 participantes, pues una de las integrantes, se retira por embarazo (debe guardar reposo por indicación médica). Los pacientes no se conocen entre sí antes de comenzar el grupo.

Algunos datos básicos de los participantes:

Victoria: 22 años, estudiante. Muy tímida, callada, e introvertida. Le gusta pasar desapercibida. Tiene actualmente dificultades con padres sobre todo en el tema de horarios y salidas, en el cual ellos se muestran bastante estrictos. Sufrió un asalto con violación cuando niña.

Emilio: 50 años, empresario extranjero radicado en Chile. Profesional exitoso, separado y con serios problemas con la ex mujer, quien lo ha demandado frente a tribunales.

Yael: 34 años, casada, 2 hijos. Tiene dificultades en las relaciones interpersonales, inestabilidad económica y dificultad en finalizar sus estudios universitarios. Se siente permanentemente muy angustiada.

Daniel: 29 años, estudiante, solitario e introvertido. Vive solo, recibe ayuda económica de sus padres, y presenta una gran dificultad de relaciones interpersonales, sobre todo con mujeres, con quienes ha tenido muy poca experiencia y ninguna relación duradera, gran inseguridad.
Ema: 32 años, psicóloga extranjera. Vino de viaje a Chile y se quedó porque se enamoró de un chileno; llevan 6 meses viviendo juntos y debe decidir sobre su relación de pareja.
Marcela: 48 años, dueña de casa. Casada con hijos grandes. Desea aprender más de sí misma, es algo rígida, tensa y "llevada de su idea".
Domingo: 25 años, estudiante. Actualmente se encuentra realizando su tesis. Tiene una hija, pero vive separado de la madre de su hija y, aunque siguen frecuentándose, él no la considera su pareja, en cambio, ella sí. El tema pareja no está resuelto.
Lalo: 26 años, abogado. Soltero, un hijo. Tiene dificultad en relaciones, entre ellas con su pareja. Se pone nervioso e inseguro, tiene dificultad en presentar litigios en público.
Mireya: 50 años, administrativa. Separada. Se ha traslado recientemente de ciudad y se ha venido a Santiago, pues acá vive su hijo, que estudia en la Universidad; actualmente viven juntos. Ella presenta una depresión severa y manifiesta mucha soledad.
Julián: 50 años, arquitecto. Recientemente separado, luego de 25 años de matrimonio. Sus hijos son grandes y él está aprendiendo a vivir solo.
Antonia: 40 años, psiquiatra. Es separada, tiene dos hijas. Asiste por crecimiento personal.
Mónica: 32 años, ingeniera. Soltera. Sufre de problemas arteriales y ha sido hospitalizada en dos ocasiones. Además, tiene dificultades con la pareja.
Karina: 34 años, profesional. Tiene dificultades con la pareja, con la que tiene dos hijos. Es posible la ruptura.

Abril: Formación del grupo

(en letra negrita se señalan las actividades realizadas)

1ª SESIÓN

Presentación de los participantes: uno a uno se presentan en círculo, conectándose consigo mismos desde lo que sienten *"soy... me siento... y lo que deseo en este grupo es..."*. Desde el inicio se dan la reglas de hablar desde lo que se siente, aprendiendo a conectarse consigo mismos. Todos lo hacen muy bien.

Ejercicio de a dos: un ***A*** y un ***B*** para conocerse más: ***A*** dice: *"¿Dime quién eres?"* ***B*** responde: *"te doy mi..."* Luego, intercambian (***B*** pregunta, ***A*** responde). Comentarios: es interesante cómo se puede profundizar y conocer a otros desde patrones no habituales, que rompen prejuicios y conectan más con el sentir que con lo racional.

Explicación sobre el grupo: se explica a los participantes el tipo de trabajo que realizaremos, el compromiso, la confidencialidad, la asistencia, los ausentismos, las posibles dificultades, los cobros, etc.

Es el momento para explicitar las normas y rayar la cancha.

Trabajo de silla caliente[1] al centro con Ema: se realiza una silla caliente de ella con su pololo[2]. Ema se comprometió en el trabajo, se puso muy bien en el lugar de él (postura, tono, etc.) y se sintió cerca suyo. Ella es muy independiente, europea, y con miedo al compromiso; viene saliendo de una relación anterior y teme cometer muchos errores; tiende a proyectar en su pareja, y dice de él que está lleno de miedos y que no se compromete. El trabajo terapéutico finalizó con un emotivo encuentro entre ellos. Ella señaló que fue muy importante para ella y para poder seguir en Chile. Finalmente, comprendió que la aparente dificultad de compromiso de su pareja no es más que temor e inseguridad propia; que él la ama y se la está jugando por completo con ella.

***Feedback* y cierre del encuentro**: cada participante opina desde lo que sintió al presenciar la silla caliente, con qué se conectó y con qué se queda. Siempre referido a sí mismo sin dar consejos al otro.

Cierre.

---

[1] *Silla caliente*: principal técnica desarrollada por Perls, descrita anteriormente.

[2] *Pololo*: en Chile, pareja estable con quien no se convive. En otro países, novio. (N. del E.).

2ª SESIÓN

Presentación de nuevos participantes: ingresan dos nuevos participantes: **Julián** y **Domingo**, quienes se presentan con el mismo ejercicio de la semana pasada, tomándose su tiempo. Mientras, el resto del grupo se vuelve a presentar más brevemente diciendo: "soy… lo que me gusta de mí es… lo que no me gusta es."

Julián tienes menos dificultad, pues estuvo antes en un grupo terapéutico.

Ejercicio grupal de movimiento. Aprendiendo a tomar conciencia del presente, "aquí y ahora"[3].

Primero, se hace en forma grupal con los ojos cerrados. El terapeuta explica la consigna, que es decir "ahora me doy cuenta", e ir pasando por tres modos: el adentro, el afuera, y el mundo de las ideas. Posteriormente, lo hacen en parejas, uno lo realiza y el otro escucha. Se realiza un comentario entre los dos que forman pareja y, luego, se comenta entre todos. Por último, se explica para qué sirve este ejercicio y en qué momento lo pueden utilizar consigo mismos.

Reglas de la Gestalt[4]: se dan a conocer las más importantes y se comentan. Cierre.

---

[3] Ejercicio de J. Stevens (*El Darse Cuenta*, Cuatro Vientos, 1976, p. 21).

[4] Las denominadas "reglas de la Gestalt" serán expuestas en forma extensa en capítulos posteriores.

3ª SESIÓN

Rueda de participantes: cada participante dice cómo se siente en el aquí y ahora. Y qué le está sucediendo en estos momentos. Se realizó con profundidad y con bastante tiempo para cada uno. Entrega herramientas para saber qué trabajar con los participantes. Figura emergente grupal: la dificultad de comunicarse con otros.

Ejercicio de las proyecciones[5]: se realiza una lista con lo que cada participante *rechaza más* de otras personas (familiares, conocidos, participantes del grupo). Cada uno lee su lista. Como terapeuta, subrayo la característica más rechazada por el paciente y anoto a continuación algunas, para tenerlas como ejemplo.

Daniel: *achorado, creído, seductor*, trabajólico, práctico.

Julián: falso, fanfarrón, *dueño de la verdad, creído.*

Marcela: floja, indolente, *irresponsable.*

Domingo: chupamedias, medio tonto (idiota, estúpido), manipulador.

Ema: miedosa, poca cosa, tímida, *insegura.*

Asignación de roles: se otorgan los roles desde lo opuesto, lo más rechazado. Para la próxima sesión se les pide traer disfraces y pensar en un personaje que tenga esta característica rechazada. Explicación sobre las proyecciones.

Se finalizó con el trabajo sobre un sueño[6] **de Julián:** ha trabajado antes y se mete muy rápidamente. Aparecen claramente polaridades: un gran edificio firme y de hermosa arquitectura, frente a una casucha, de construcción sólida, pero humilde. Le hace mucho sentido para su situación actual y se refiere posteriormente a sus propias polaridades, donde anteriormente ha trabajado con **Julián** el omnipotente y **Julián** el humilde. Comentarios y cierre grupal.

---

[5] Ejercicio desarrollado por Adriana Schnake.

[6] Técnica sobre el trabajo de sueños, desarrollada por Fritz Perls.

4ª SESIÓN

Trabajo de roles (representar lo rechazado, esto fue planteado en la sesión anterior): cada participante se disfraza del rol otorgado, se da un tiempo para apoderarse del rol y luego cada uno se presenta ante los demás e improvisa un personaje con una historia. Se simula una fiesta o encuentro entre personajes.

Daniel: extrovertido y seductor, decide ser un conquistador.

Victoria: madura con mucha seguridad en sí misma.

Emilio: cambiante, complicado, gritón.

Yael: la crítica, la complicada.

Ema: la dependiente, la insegura.

Marcela: relajada, hippie.

Domingo: el flojo, medio pelo.

Lalo: el seguro, confiado, el que se las sabe todas.

Mireya: la entretenida, chistosa, alegre, juguetona, cabra chica liviana.

Julián: ser superior, omnipotente.

***Feedback* de cómo se siente en el grupo**: algunos tienen dificultades en hacer los roles, se sienten haciendo el ridículo y, sobre todo, les carga ser ese designado (característica rechazada); se conversa sobre el sentido lúdico y terapéutico de los roles, y finalmente aquellos que lograron hacer mejor el rol, explican sobre su darse cuenta en todo aquello que se están negando o no permitiendo a ser como son. Por ejemplo: "a pesar de que no me gusta ser criticón… me encantó hacer el rol, pues me doy cuenta de que en el papel de crítico me permito decir todo lo que pienso y soy muy espontáneo y me siento más libre.

Después de esta conversación, aquellos que no participaron tanto se muestran más dispuestos para otra oportunidad. (Al inicio, les cuesta realizar juegos u otras actividades a las que no le vean mucho el sentido). Sin embargo, entre más avanza el grupo, suele haber mayor compromiso. En las sesiones de consolidación, veremos cómo, en una segunda oportunidad, se representó este juego de roles con "misiones", tópico que se explicará más adelante.

Nota: es bueno recordar que los comentarios o *feedback* grupal lo realizamos desde el conectarse de cada participante consigo mismo, desde la emoción y el sentir. La clave está en hablar desde "lo que a mí me sucede, lo que siento con tal o cual intervención, lo que en mí se detona y de lo que me doy cuenta". Dejando absolutamente de lado, las interpretaciones o juicios sobre el otro y, por sobre todo, dejando de lado los consejos. También, está permitido brindar apoyo, con palabras o gestos de cariño, pero que no se transformen en un sobajear al otro y no soltarlo. Debemos recordar que es bueno para la persona que haya trabajado al centro, cerrando su Gestalt, recuperar su fuerza, sus recursos y desarrollar su autoapoyo, sintiendo que se la puede, y que es capaz. Es decir, parada en sus dos pies, sintiéndose firme y muchas veces, al tocar al otro o ir corriendo a abrazarlo no hacemos más que acentuar en esa persona su sensación de desvalido y de no "podérsela" por sí solo. Por ello, debemos ser cautelosos. Entregar afecto y contener cuando es necesario, pero también permitir que la persona llore y se ponga de pie por sí misma.

3. Sesiones de consolidación y el desarrollo del grupo

En las sesiones de profundización o consolidación del grupo terapéutico, abordaremos a través de ejercicios grupales, los principales temas recurrentes, como la pareja, la familia, las relaciones interpersonales, las enfermedades orgánicas, los sueños y otros que vayan surgiendo como inquietudes de los participantes del grupo. Paralelamente, se trabaja con cada uno sobre los temas personales de contingencia: crisis, situaciones inconclusas, duelos, abusos, separaciones y otros temas, siempre en la medida que el paciente los exponga y desee trabajarlos al centro.

La fase de consolidación es el momento óptimo para ir ampliando el darse cuenta de los participantes, para facilitar la toma conciencia de sus resistencias y las dificultades que tienen en sus vidas, buscando la mayor autenticidad posible y restableciendo el equilibrio de la persona.

En algunas ocasiones, ha resultado interesante plantear al grupo la elección de una suerte de temática, en la que ellos escogen y así, independiente de lo que irá surgiendo día a día, mensualmente se va trabajando un tema de trasfondo. Un mes puede estar dedicado a las relaciones interpersonales o la familia, por ejemplo, y los ejercicios grupales o espacios libres que queden, se aprovechan, hablando y comentando sobre este tema. El siguiente, puede ser sobre enfermedades, al siguiente en el trabajo de sueños u otro. Al realizar esto, el coordinador de grupo lleva en su mente tres objetivos: la terapia personal de cada uno, la dinámica grupal que va surgiendo y el tema que se está profundizando. Es bastante interesante y da bueno resultados.

Existen algunos ejercicios, que en la etapa de consolidación podremos utilizar, tanto grupalmente como en forma individual, que apuntan a la consolidación y profundización. Uno de los ejercicios que me gusta para esto, es el que llamo *"misiones en roles"* y que consiste en imaginar una situación grupal en que deberemos cumplir una misión grupal; por ejemplo: van en una nave que desembarcará en una isla, donde deberán construir lo más básico para estar unos días en ella, o bien, serán un equipo de trabajo que debe cumplir una meta determinada y para ello, los participantes deberán actuar absolutamente coordinados unos y otros... en fin, misiones hay muchas, y se determinan según las problemáticas de los participantes.

Todo el ejercicio debe hacerse en roles, pero para activar este aspecto que, muchas veces, tiene que ver con lo negado, y darle más dinamismo y más temas que hablar o discutir, se le otorga también una misión. Así, a la persona centrada en su misión, y con el propósito de lograrla, se le hace más fácil y más interesante el rol, pues se delimita mejor en el contexto. Así, a cada participante se le asigna su rol según su polaridad y, además, se le asigna una misión. La misión se asigna privadamente, es decir, se le dice uno a uno discretamente, porque, a veces, no deseamos que se conozca la misión de los otros: así no se sabe quién boicotea, quiénes realmente llevan el mando, o simplemente, porque deseamos hacerlos competir entre ellos mismos, para poder acentuar un rol que jamás se permitirían. Una vez comenzado el ejercicio, pueden hablar libremente entre ellos, pero no pueden decir cuál es su misión: deben darla a entender por sus acciones y sus actitudes.

Así, por ejemplo: "Misión rescate de sobrevivientes"... Con los cojines armarán una gran nave que los llevará a puerto seguro.

Daniel: deberá ser extrovertido. Habitualmente es muy introvertido y pasivo, con muy poca iniciativa. Y además, tendrá por *misión ser el capitán de la nave* y, por tanto, del equipo, quien nos deberá dirigir hacia el logro de la misión grupal. Y, por tanto, se le dan todos los detalles de la misión, en qué consiste, dónde deben llegar, etc.

Mireya: deberá, en absoluto silencio, boicotear el logro de la misión (botando los cojines, interrumpiendo el paso, etc.). Boicot que ella suele hacer en lo cotidiano, pero sin conciencia de ello: normalmente ella no para de hablar. Se le contará una historia diferente a ella, donde sea importante el no llegar al lugar, pues los espera un gran desastre.

Victoria: suele ser muy pasiva, habla bajito y con tono de niña. Y deberá ser fuerte, madura, enérgica. Para ello debe pelear por el liderazgo. A ella se le dice que su *misión* es *ser la capitana del barco*, quien debe organizar al grupo y que no permita que otros lo lleven a su modo o intenten imponerse. Obviamente, no sabe que a otro integrante también se le otorgó la misma misión.

Lalo: es abogado, pero es inseguro y le cuesta aún litigar en público, deberá ser seguro y sabelotodo. Su *misión* es *cambiar el rumbo*, e ir hacia otro lugar, poner en duda los criterios de los mandamases y argumentar de modo que logre cambiar el rumbo y los demás le crean...

Ema: ella está acostumbrada al modo europeo, muy segura de sí misma e independiente, jamás consulta y actúa por su cuenta. Deberá ser dependiente e insegura. *Su misión es ser súper colaboradora y obediente*, debe seguir a todos los que la manden y obedecer sin cuestionar. Arrimarse al que le dé seguridad.

Marcela: ella siempre es rígida, mete mucha cabeza y no se deja llevar. Deberá ser relajada, pasarlo bien, estar contenta. *Su misión es ser la niña de a bordo* colaboradora, risueña y juguetona.

Yael: debe ser la crítica, deberá cuestionar las decisiones y criticar a las personas y sus decisiones. *Su misión es ser la pesimista...* En este caso, ella es muy crítica y se otorga este rol para acentuar sus características, y que tome conciencia de ellas, pues las asume muy poco.

Julián: debe ser el dueño de la verdad. *Su misión es ser el todopoderoso* que los va guiando. Él tiene un polo así, pero sólo sale en ocasiones, pues no se lo permite, y es bueno que lo asuma.

Así, en esta segunda ronda de roles, se verá cómo los participantes se la juegan por completo, se comprometen seriamente y son capaces de sacar fuerzas para representar el rol de lo rechazado. Ellos creerán en su misión tanto que, por primera vez, se los verá en conductas que no se permiten utilizar en la cotidianidad, discutiendo y peleando por el liderazgo. Sobre todo, descubriendo valores y modos que incluso les llegarán a agradar a ellos mismos, pudiendo conectarse de un modo más positivo con la característica negada y el polo negado de su personalidad. En el ejemplo anterior, el caso de **Victoria** fue una revelación: ella, que normalmente apenas habla, y no se escucha, ...estaba dirigiendo con voz de mando, dictaminando qué hacer y qué no; fue increíble, porque normalmente hay que hacer esfuerzo por escuchar su vocecita de niña. Esto le sirvió muchísimo en su trabajo personal.

Bitácora de grupo: en pleno trabajo terapéutico

Aquí encontrarán la continuación del grupo presentado anteriormente, para que puedan apreciar cómo se fue desarrollando a lo largo del año. Es importante recordarles que esta bitácora se construyó *a posteriori* de la realización del grupo, se fue anotando lo realizado, sesión a sesión, con los participantes. Estas sesiones corresponden, entonces, al segundo mes de trabajo en adelante, y se irá detallando, paso a paso, lo que se realizó en su momento, y corresponde a la fase de consolidación o profundización del grupo terapéutico.

Mayo: bases del trabajo terapéutico

5ª SESIÓN

Ejercicio de Introyectos. Se da una breve explicación de lo que entendemos por introyectos. Se trabaja primero en forma individual sobre los introyectos maternos o paternos en base a una plantilla, y luego, se comparte en pequeños grupos. Cada participante cuenta cómo es su padre y/o su madre, sus cualidades, defectos, en qué cosas se parece a él o ella, qué cosas siente que ha asimilado y qué cosas siente que son introyectos. Se finaliza con un comentario grupal.

Trabajo de silla caliente al centro. Daniel se pelea con sus introyectos paternos, se le propone trabajar con su padre, pero finalmente prefiere trabajar con su hermano menor, pues dice que es él quien sufre aún más las consecuencias de los introyectos paternos, ya que su padre ha sido con ambos muy exigente y crítico. El diálogo de ellos gira en torno al tema padre y lo exigente que éste ha sido con sus hijos. **Daniel** critica la actitud de su hermano menor con su padre y su distanciamiento y que, en vez de enfrentarlo, se aleja. Su hermano Roberto dice que nunca se ha sentido querido y apreciado por el padre; al contrario de **Daniel**, quien es el mayor y se ha llevado todos los favores de éste; también está sentido por ser criticado por él. Finalmente, **Daniel** empatiza con su hermano, se pone en su lugar y logra captar su dolor, su pena...

Este trabajo, a la larga, los volverá a unir y establecerá un diálogo que se había detenido por completo.

Comentarios del grupo, abierto a las relaciones de cada uno con su padre y/o hermanos. Cierre.

6ª SESIÓN

Realización de roles: cada participante deberá venir en el rol de su padre, madre, hijo o hermano(a). Se le otorgará el rol que le sirva más, según cuál esté más distanciado últimamente. Se debe representar todas las características del otro, sintiendo que se es el otro. Para ello, deben disfrazarse. Se representa durante una hora, tiempo suficiente para que cada uno pueda darse a conocer entre todos y experimente en sí mismo cómo es la sensación de ser el otro representado. Posteriormente, se cambia al rol opuesto, desde la sensación opuesta. El comentario es lo más importante, ¿con qué se conectó? ¿Qué tiene esto que ver consigo mismo? ¿Cómo se sintió? ¿Cuánto de esto, imaginas, que puede estarle sucediendo al otro? ¿Qué te sucede a ti cuando captas esto en el otro? ¿Te cambia tu modo de verlo? ¿Tu modo de sentirte con el otro? ¿Tiene lo que te molesta tanto, algo que ver contigo? ¿Te permites ser así? ¿No te lo permites y te obligas a ser lo contrario? ¿Qué te estás perdiendo cuando te obligas a ser de un modo? ¿Qué sensaciones y emociones estás evitando?, etc...

Silla caliente con Domingo: con su ex pareja, la madre de su hija, comienza la presentación desde ella, quien desea que sigan juntos y le reprocha su ambivalencia, él dice no tenerla, pero finalmente reconoce que no sabe lo que desea, un día quiere estar con ella y, luego, quiere dejarla. Toma conciencia de su modo de plantearse y de que aún siente algo importante por ella. Logra comprender y reconocer mejor su ambivalencia. Claramente, en otra oportunidad, debemos seguir trabajando este tema con él.

Comentarios y cierre.

7ª SESIÓN

Rueda de participantes: uno a uno, en el grupo, cuentan cómo están en el aquí y ahora, qué es lo que desean trabajar… si es que hay algo "atorado" o pendiente y se ofrece trabajar. Aparece Karina.

Representación de escena familiar: Karina está mal con su marido y piensa separarse. Representará una escena típica de día domingo. Situación: marido en el living, niños jugando al centro, abuela sorda en una habitación, hermana chica en el computador; ella atendiendo, uno a uno, sin diálogos entre ellos, todos la necesitan a ella. Se le pide representar, poner a otros en el lugar, darles una frase, tomar el lugar y ver qué le cambiaría... Se trabaja especialmente con su marido; ella espera que sea él quien cambie y no se ve a sí misma. El ejercicio le refleja su actuar, ella no pregunta qué desea el otro, simplemente hace lo que cree que esperan de ella, y por sobre todo, culpa al marido por seguir siendo así y no cambiar con ella. Finalmente, en la interacción con los personajes que están haciendo de su familia, toma conciencia de su modo impositivo de actuar, y se da cuenta que está poniendo todo su deseo de cambio en su marido, y ella no está cambiando…. Le hace gran sentido. (Este ejercicio aparece descrito en el capítulo de presentación de casos).

Comentarios y cierre.

8ª SESIÓN

Ejercicio de misiones en roles: Está descrito al inicio y es donde, además del rol opuesto a su personalidad, se le otorga una misión determinada. Es muy efectivo y logran compenetrarse muchísimo.

Silla caliente con Karina y su marido: comienza siendo él y presentándose; lo hace muy bien (sirvió el ejercicio anterior), logra compenetrarse realmente de él, excelente, él la quiere, la escucha, y se da cuenta de su parte. Desea hacer lo posible por estar bien con ella, no sabe cómo complacerla y siente que no acierta en lo que hace… ella finalmente se pone más empática con marido… posteriormente, se reconciliará con él. (Algo duradero).

Comentario y cierre.

Junio, profundizando (grupo 2007)

9ª SESIÓN

Presentación de dos participantes nuevas: ingresan dos participantes, **Antonia** y **Mónica**. Cada una se presentará al grupo libremente, y los antiguos también lo harán desde una pequeña frase más corta "soy… lo que me sucede en este momento de mi vida es… y lo que deseo trabajar en este grupo es…" luego, se realiza grupalmente la **Rueda de incorporación**, donde el grupo de pie forma un círculo cerrado, y ellas deben intentar ingresar de algún modo al círculo, hasta ser aceptadas por la totalidad del grupo. Refleja la dificultad real de aceptación y finalmente se logra la aceptación.

Trabajo de polaridades[7] con Marcela: silla caliente de polaridades; por un lado, la rígida, dura, llevada de sus ideas, la más frecuente en la vida cotidiana y por otro, la flexible, más relajada que sólo aparece a veces, y más bien en vacaciones. Muy bien, va reconociendo polaridades y la necesidad de integrar a la relajada.

[7] Técnica desarrollada por Fritz Perls.

10ª SESIÓN

Trabajo con órganos: breve explicación sobre el trabajo en Gestalt con enfermedades, desarrollado por Adriana Schnake. Se trabaja con **Ema** y luego **Emilio**, ambos trabajan con los músculos. (Uno de estos ejercicios aparece descrito en el capítulo de presentación de casos).

Trabajo grupal Fantasía del organismo[8]: fantasía guiada, en la cual se recorre todo el cuerpo y sus órganos internos. Todos participan. Con los ojos cerrados y música suave… para tomar conciencia de nuestro cuerpo.

Comentarios y cierre.

[8] Ejercicio creado por A. Schnake; aparece descrito en el capítulo de presentación de casos ("Un viaje a través de nuestro cuerpo").

11ª SESIÓN

Presentación de la polaridad en grupo: uno a uno, los participantes van saliendo al centro, y cada uno debe presentar sus dos polaridades, aproximadamente 5 o más minutos para cada polaridad, *primero una, y luego la otra.* Se sienta en una silla, se pone en esa polaridad, y cuenta cómo es él cuando es así, cómo es cuando aparece, cuál de ambas polaridades dirige o reina a la persona, en qué momentos de la vida ocupa una o la otra, de cual de ambas se han enamorado; defectos y cualidades de cada una. El resto de los participantes va libremente haciendo preguntas al personaje en polaridad que tiene al frente… ¿Cómo te sientes así? ¿Te gusta ser de este modo? ¿Te sientes cómodo? Te sientes querido así?, etc.

Comentarios: se repasa el tema de las polaridades. Explicación del terapeuta de cómo surge la neurosis, cómo la persona se polariza y cómo podemos ir integrando estos aspectos.

12ª SESIÓN

Tema de enfermedades: el terapeuta inicia el tema explicando cómo la enfermedad se relaciona con nosotros mismos, la unidad del organismo, aprender a escuchar al cuerpo, etc.

Trabajo de órganos al centro: Mónica ha estado grave en la UTI[9], ya en dos oportunidades, debido a que ha tenido rompimiento de su arteria aorta. Trabajamos con ella sus arterias. Al principio, tiene algo de dificultad en conectarse, pero finalmente logra ser con todo su cuerpo una arteria y dejar fluir la sangre sin controlar, permitiéndose ser elástica y dependiendo del sistema autónomo que estimula las contracciones, que le ayudan a transportar la sangre. Es impresionante ver a Mónica, quien tiende a ser tan controladora y atenta a lo que sucede, ahí en el piso, tan larga como es, dejándose llevar y permitiéndose ser sólo un canal de paso.

Le hace mucho sentido trabajar con el control, que ella ejerce permanentemente.

Comentarios: con qué se queda y qué le ha servido de esto.

[9] UTI: Unidad de Tratamiento Intensivo, presente en centros de salud de alta complejidad, en Chile.

13ª SESIÓN

Venta de los defectos. Trabajo grupal: buscar al menos tres o cuatro defectos propios, o algo que nos moleste mucho de otro (s). Posteriormente, debe buscar las cualidades de este defecto; es decir, lo positivo de éste, por ejemplo: el miedo. Lo positivo puede ser que es respetuoso del otro, pues no es impulsivo, permite reflexionar y detenerse a tiempo, no invade espacios, es silencioso, etc. Cada uno debe encontrar cosas positivas, como para poder vender sus defectos públicamente. Debe venderlo tan bien, que tiene que conseguir que otros lo compren.

Comentarios: si tenemos este defecto y mantenemos éste es probable que algo de él nos sirva. Ganancia secundaria.

Julio, profundizando (grupo 2007)

14ª SESIÓN

Escenario de situaciones pendientes: se le pide a una persona que cierre los ojos y se imagine en un gran escenario vacío. Luego, que se conecte con cualquier sensación que sienta; que le dé una forma concreta a "eso que siente", que lo represente y lo deje en algún lugar de ese escenario: así, sucesivamente, con otras sensaciones… hasta que ya no hay más situaciones pendientes, y encuentre la paz y tranquilidad. Ahí, se le pregunta ¿qué vas hacer con ellas? Puedes transformarlas, pero debes dejar este escenario vacío… ¿Cómo te las llevas? ¿Las transformas? ¿Cómo lo haces? Represéntalo nuevamente y llévatelas… hasta que, finalmente, decide, responsablemente, qué se lleva y cómo se lo lleva consigo. (Lo realizó: **Daniel, Emilio, Antonia y Yael.** Este ejercicio aparece descrito en el capítulo de presentación de casos).

15ª SESIÓN

***Continuum* de conciencia**[10]: en esta sesión, **Marcela** menciona no sentirse bien, pues tiene una permanente molestia entre el pecho y el estómago. No se ha sentido muy bien últimamente y anda angustiada, pero no sabe a qué atribuirlo, sólo está esta molestia, que no desaparece. Se seguirá la figura, se le pide que se concentre en ello, que la describa, que se permita acentuar la sensación que tiene y seguirla... en fin, se realiza un *Continuum* de conciencia, y finalizará exteriorizando mucha rabia contenida.

Silla caliente con Ema y su pareja: es importante, pues deben decidir si irse o no a vivir a España juntos, ella es española y él, chileno, y no tiene visa. Ella teme hablarle de matrimonio, aunque viven juntos, piensa que él lo tomará como una presión para mantener la pareja... ella también teme al compromiso, pero lo quiere y realmente piensa que para él será mejor llegar a España con visa y permisos, estando casados y no como un sudaca más... teme que se malentienda y crea que desea "cazarlo" o, más bien, atraparlo. La silla caliente la conecta con lo más profundo y se da cuenta de que si habla desde ahí, no es posible que sea al entendida... debe hablar con la verdad, profundidad y con el corazón...

[10] Técnica desarrollada por F. Perls.

16ª SESIÓN

Hoy **Mónica** llega al grupo muy angustiada, pues terminó la relación con su pareja abruptamente, sin entender mucho por qué y considerando que planeaban casarse… **Trabajo de silla caliente con su pareja.** Aparecen aspectos muy similares a las polaridades detectadas en la arteria, sobre todo la dificultad de ella de dejarse llevar, soltarse y confiar plenamente, sin tener que dirigir o controlar. Claramente, este aspecto debe continuar trabajándolo.

Ejercicio grupal "me es obvio y me imagino"[11] de a dos. Quienes participan del grupo ya se conocen mucho entre sí, y el ejercicio sirve para limpiar todo aquello que pueda ir quedando abierto en las sesiones. Mejora la comunicación. Ideal para parejas. (Este ejercicio aparece descrito en el capítulo de presentación de casos).

Feedback y cierre.

[11] Ejercicio de J. Stevens (*El Darse cuenta*, Cuatro Vientos, 1976, p. 170).

17ª SESIÓN

Conversando sobre la pareja, surge el tema de la sexualidad y se abren las inquietudes de cada uno sobre el tema. Hay gran confianza en el grupo y puede abrirse el tema fácilmente.

Trabajo con Victoria (asalto con violación): cuando niña (a los 11 años) fue abusada por un asaltante. Se recrea en primera persona presente, como si le estuviese sucediendo… ella se paraliza frente al agresor… se mantiene así... le ponemos cojines grandes frente a ella. Empujándola contra la pared, una voz le dice "¡sácalo de tu vida, empújalo!". Finalmente, después de gran esfuerzo, ella es capaz de sacárselo de encina, empujando… tiene gran dificultad en sacar la voz… pero al menos se conecta con su fuerza y lo empuja… Es la primera vez que logra conectarse con su fuerza e imponerse. Para ella esto es muy potente y significativo. Traerá cambios en su vida.

En esta fase de consolidación y profundización del grupo terapéutico, se pueden utilizar prácticamente todas las técnicas y ejercicios descritos en Gestalt. El grupo va tomando cada vez más cuerpo, y cada vez será un espacio de mayor contención a sus participantes, donde ellos podrán apreciar y sentir en sí mismos que tienen la posibilidad de mostrar y abrir temores ocultos, que jamás antes pudieron develar. El grupo se convierte en un espacio de magia entre los participantes y el coordinador, que es difícil describir. Los pacientes suelen atribuirle esta magia al terapeuta... sin embargo sabemos que esta magia la produce el grupo, este encuentro tan verdadero y especial entre todos. Lamentablemente, aquí, en una simple bitácora, es difícil mencionar toda la emoción subyacente en los trabajos, la intensidad y profundidad con que se comprometen las personas; es difícil mostrar el lado humano y terapéutico, pues sólo es un registro anecdótico de lo que va sucediendo, y lo que va sucediendo es algo maravilloso, un encuentro humano profundo, verdadero; un encuentro por el cual, semana a semana, me digo que realmente vale la pena realizar grupos terapéuticos.

4. Sesiones finales para cierre del grupo

Por último, para finalizar, es importante hablar de los cierres y términos de grupos. Es muy importante que los participantes sepan cuándo termina el grupo y prepararlos para continuar solos su proceso. Cuando estamos por cerrar un grupo, se supone que hemos brindado las herramientas necesarias a cada participante para poder seguir su camino solo. Ahora, si por algún motivo u otro, uno de los integrantes aún no se siente lo suficientemente preparado, podemos seguir con él en forma individual o bien, reencontrarnos al año siguiente en un nuevo grupo. Es importante que el terapeuta no se apure en darlo de alta, pero que tampoco lo retenga demasiado. Es fundamental que sepa respetar el tiempo necesario del proceso de cada persona. Por una parte, brindándole la posibilidad de regresar el año siguiente y, por otra, abriendo las puertas para seguir caminando solo, fortalecido y sintiendo que se la puede. Recordemos que nuestro objetivo es ayudar a pasar al paciente del apoyo ambiental al autoapoyo, y en esto habremos basado la terapia.

En general, los grupos terapéutico van de marzo a diciembre y, por respetar fiestas, a lo más se suele tener 3 ó 4 sesiones de cierre el último mes, que suele coincidir con navidad. En este caso, transcribo las tres últimas sesiones. Sin embargo, se debe venir programando el cierre desde antes, y no estar abriendo situaciones que no se podrán concluir en el tiempo estimado. También, si es necesario, debemos trabajar con la angustia que les produce a muchos participantes el cierre de grupo, o fin de la terapia.

BITÁCORA DE GRUPO: EL CIERRE

Último mes: Cierre grupal

30ª SESIÓN

***Feedback* terapéutico**: cada participante del grupo irá, uno a uno, recordando detalladamente, cómo llegó y cómo se va ahora, dirá cómo se ha sentido en este proceso y, luego, el terapeuta también le dirá su *feedback*, recalcando lo aprendido, mostrando sus fortalezas y los recursos que ha adquirido en este tiempo, para superar sus futuras dificultades. Finalmente, entre todos, se le dará una devolución.

Conversación libre: si hay algo que aún consideremos que sigue estando pendiente, en su terapia, podemos trabajarlo en estas últimas sesiones, o dar posibles soluciones para ello. Juntos, programamos algunos trabajos individuales que han quedado en el tintero, para este fin de grupo.

31ª SESIÓN

Trabajo de silla caliente con Antonia y su madre: sólo al ponerse largamente en la silla de su madre, Antonia toma conciencia de situaciones inadvertidas para ella y logra establecer un hermoso diálogo con su madre.

Trabajo grupal: conectándose con las emociones, en silencio, y con los ojos cerrados, cada participante recuerda lo que ha sido el grupo para él, repasa el aprendizaje que ha significado. Se conecta con una emoción, luego, abre los ojos y se permite expresar esta emoción, a través de la pintura. Así, sucesivamente, cada participante hará al menos 4 ó 5 pequeños dibujos (hoja cortada en cuatro). Se exponen al centro, y cada uno cuenta lo que representa. Finalmente, cada uno escoge 4 dibujos de otros, diciendo por qué los escoge y todos juntos formamos un *collage*.

32ª SESIÓN

Trabajo grupal de cierre: todos los participantes se ponen en círculo, menos uno, que se pone frente a la puerta, y los otros le van diciendo: "Te vas al mundo con..." (Por ejemplo: "optimismo" "seguridad en ti mismo", etc.) Cada participante le entrega aquello que le sea necesario para seguir creciendo y le pueda servir en su vida.

Revisamos: no queda nada especial abierto o sin resolver. Les recuerdo que se puede continuar en el próximo grupo, aunque serán nuevos participantes.

Cierre final: "¿Cómo estoy y qué me llevo conmigo?" Intercambio de mails para continuar en contacto, los que deseen, y queda abierta la invitación para reencontrarnos, si en algún momento lo requieren.

Al finalizar y cerrar el grupo, siempre es bueno un *feedback* de lo acontecido, tanto en lo personal como en lo grupal. Es importante que el propio terapeuta entregue un *feedback* general sobre los logros individuales y grupales, pero también es absolutamente necesaria la retroalimentación entre los propios participantes, y cómo ellos han visto el proceso y lo que le ha significado a cada uno, en lo personal.

A continuación, hago un breve resumen de lo expuesto por cada participante:

Victoria: el grupo le ha favorecido mucho; sin apurarla, y dándole su tiempo, le ha permito cerrar el tema del abuso, tema central en ella, que la mantenía en un estado algo infantil, muy insegura y poco conectada consigo misma. Este tema se cerró completamente, logra erradicar imágenes persecutorias del mismo, logra recuperar su cuerpo y apropiarse del mismo, logra sentirse completa y plena en la sexualidad. El grupo también le ayudó a comprender una serie de dificultades entre padres e hijos, por el solo hecho de ver a otros trabajando al centro. Por ejemplo, a Emilio con sus hijos, y otros trabajos, que le han abierto los ojos para comprender que todo pasa y puede solucionarse. Se va del grupo madura y segura de sí misma. Al año siguiente, terminará sus estudios y luego se irá al extranjero a vivir sola y hacer un magister.

Emilio: llegó convencido de que él hacía todo lo posible por solucionar las cosas, incluso le costaba entender cómo pudo llegar a tribunales con su ex pareja, pues estaba convencido de que él ponía todo de su parte y que la responsabilidad del conflicto recaía en su ex mujer (lo que nos parece bastante cierto, pero que al plantearlo de ese modo, le impedían darse cuenta de su propia responsabilidad en el asunto). Finalmente, reconoce su parte en el conflicto y logra tomar conciencia de aspectos evasivos de su personalidad, que le están causando dificultades, tanto con su ex pareja como con los demás. Se siente agradecido del grupo y reconoce que deberá continuar trabajando terapéuticamente para cambiar o mejorar estos aspectos de su personalidad.

Yael: se ha sentido contenida por el grupo, y sus miedos han disminuido considerablemente y se siente menos angustiada. Lo que más le ha llamado la atención es sentir una cierta pertenencia al grupo; sentirse parte, sentirse querida y aceptada. En general, esto es lo que más le cuesta con los demás y en todo lugar. Se siente muy agradecida del grupo, por haberle dado este espacio y habérselo *dado de verdad,* no por lástima o por otros motivos. Reconoce que aún se siente inestable, pero mejor. Sabe que su terapia es un proceso más largo que el de la mayoría de los que están ahí, y que deberá continuar.

Daniel: se ha sentido muy bien en el grupo; por primera vez logra expresarse abiertamente y mostrarse, no se siente tan rechazado y su timidez logra quedar algo de lado... aún le sudan las manos y transpira muchas veces, frente a ciertas ocasiones, pero siente que ha dado un gran paso, e incluso ha logrado establecer una relación amorosa con una chica amiga, por primera vez en su vida.

Ema: se siente absolutamente agradecida del grupo... éste ha sido sumamente revelador para ella y para su pareja (a quien le cuenta todo, sobre su propio proceso); se casa a fin de año y, posteriormente, viajarán juntos a radicarse a España. Se siente enamorada, tranquila con su decisión y, por sobre todo, agradecida de esta oportunidad de ver más a fondo lo que le estaba sucediendo.

Marcela: llegó por crecimiento personal y siente que lo está logrando; cada día se siente más integrada con sus polaridades y ha adquirido un darse cuenta que le sorprende favorablemente. Está muy bien y contenta de haber participado.

Domingo: siente que el grupo le aportó, pero igual mantiene su indecisión frente a la pareja... por el momento, deberá posponer la terapia, por asuntos de dinero y tiempo, pues debe entregar la tesis. Reconoce que el grupo le sirvió para conectarse más consigo mismo, no ser tan evasivo y, sobre todo, lo ayudó en centrarse más y finalizar la tesis.

Lalo: el grupo le ha servido para mostrarse y atreverse más; sobre todo el hacer roles y ejercicios; dice que ha aprendido un modo de sentirse más cómodo en presencia del otro. Esto se ha reflejado positivamente en los tribunales, donde, forzosamente, él debe exponer y litigar. Siente que se ha cumplido su objetivo, se siente seguro y capaz de exponerse frente a otros en los juicios... aunque también se han abiertos otros temas, que, por el momento, no desea tocar.

Mireya: ha sentido un gran apoyo y contención en el grupo, se siente agradecida; sobre todo, en la paciencia que han tenido con ella... sabe que habla mucho y que cansa, y no los desea cansar en la despedida, sólo desea dar las gracias y decir que se encuentra mejor, pero va a continuar con terapia individual, pues siente que le falta para estar aún mejor.

Julián: se siente muy bien consigo mismo, y muy contento y alegre con el grupo. Desde su separación, y con la terapia se le ha abierto un mundo realmente desconocido para él; se siente fascinado con este proceso de descubrirse a sí mismo, y está con muchas ganas de continuar en este grupo u otro.

Antonia: se siente muy agradecida de haber tenido esta oportunidad y de haber sido desde el comienzo tratada como una más en el grupo (dice que se suelen asustar cuando dice que es psiquiatra; que imaginan a alguien que sabe todo y que tiene todo resuelto, y ella no se siente así). Para ella lo más importante ha sido poder entender a su madre de una manera diferente, y el poder ponerse en el rol de sus hijas. Este último tiempo, ha logrado un acercamiento muy significativo y muy valioso para ella. Se da cuenta de que todo cambia cuando ella misma está dispuesta a cambiar, y eso lo agradece.

Mónica: reconoce que le cuesta entender esto de la Gestalt... y aunque ha estado compartiendo todo este tiempo, y ha pasado momentos muy difíciles, como fue el rompimiento con su pareja, donde se sintió tremendamente apoyada por el grupo... y es más, incluso, reconoce que los ejercicios que se hicieron, la ayudaron no sólo a ponerse bien consigo misma, sino que le sirvieron también a recuperar la relación con él... Sin embargo, tal vez porque es "cabezona", como ella dice de sí misma, aún no logra ser más relajada para no tener hipertensión... aún no logra dejar de controlar todo desde la cabeza... tal vez deberá seguir practicando.

Karina: se siente tremendamente agradecida con el grupo; de algún modo éste le sirvió para conectarse positivamente con su marido, revisarse ella, estar más abierta y dispuesta a cambiar... luego se embarazó y debió dejar el grupo, por indicación médica.

Capítulo III

Recomendaciones prácticas para formar un grupo terapéutico y manejo de situaciones especiales

1. Coordinador y coterapeuta

Cuando se trabaja de a dos, es muy importante conocer y afianzarse bien con su coterapeuta. No pueden dirigir los dos, es aconsejable que se turnen y lo conduzcan aparentemente juntos, pero siempre hay uno que en un momento determinado está dando la pauta y el otro debe estar más pasivo.

Debemos aprender a confiar en quien está trabajando con nosotros y ser observadores pasivos cuando el coterapeuta conduce. Cuando el otro dirige una silla caliente o un trabajo en el centro, por sobre todo, debemos respetar su modo y ver cómo lo lleva a cabo. No interferir; siempre es sorprendente cómo se llega por caminos diferentes a los mismos destinos. Cuando se tiene mucha complicidad con el coterapeuta y se llevan años juntos, hay palabras o gestos que al otro pueden servirle, como, por ejemplo, me toco el pecho y mi coterapeuta sabe que le estoy recordando que le pregunte al paciente cómo lo siente... son cosas que se aprenden con el tiempo, pero me limito a cosas simples y que realmente puedan servirle. Pero, si el terapeuta está recién comenzando a trabajar y lo hace con un coterapeuta, debe confiar y dejar que el otro pueda desplegar su trabajo sin presiones. Por ningún motivo, quitarle el trabajo o dejarlo de lado, pues por algo decidieron trabajar en equipo. Por otra parte, si no hay confianza entre coterapeutas, no hay nada; más vale no trabajar juntos, pues la competencia entre ellos se verá manifestada en el grupo y los pacientes serán los primeros en tomarse de ésta para escindir el grupo y poner en conflicto a los terapeutas.

Ahora bien, partiendo de la confianza real en el coterapeuta, también puede suceder que no se esté conforme. ¿Qué sucede si no se está de acuerdo en alguna actividad o en algo? Simplemente, con toda naturalidad y respeto, se plantea conversarlo abiertamente en el grupo: "nos permiten un minutito para ponernos de acuerdo..." y se habla frente a ellos, en voz baja, para ponerse de acuerdo. Por ejemplo, antes de comenzar un trabajo, se le puede plantear al coterapeuta: "¿Qué piensas tú, cómo trabajarías a esta persona? Yo le haría una silla caliente con su polaridad, qué se te ocurre a ti?", frente a lo cual, el coterapeuta podría decir: "a mí me parece un *continuum*, ya que se conecta mucho con esa sensación visceral". "¡Sí, me parece bien! ¿Lo deseas trabajar tú? Excelente, y listo". Y, una vez que se decide quién trabajará, el otro confía y aprende a tener un lugar secundario, listo para los requerimientos que necesite el que está dirigiendo.

Trabajar hombre-mujer es muy bueno; de alguna forma, los pacientes se identifican con unos y con otros; hay la presencia de lo masculino y lo femenino, la representación del padre y la madre, que, para muchos participantes, acrecienta la carga afectiva del grupo. También esto puede ayudar a ver un trabajo conjunto, un compartir, un respeto del uno por el otro sin desigualdades y sin coqueteo y juegos sexuales entre ellos que, muchas veces, sí se da en otras áreas donde trabajan hombres y mujeres juntos. En un equipo hombre-mujer puede darse que una participante seductora puede halagar al terapeuta hombre, haciendo caso omiso de la terapeuta, o viceversa, un paciente hombre puede buscar aliarse con la terapeuta mujer, para competir con el terapeuta hombre. Y, así como en algunos casos puede ser bueno que sólo un terapeuta, hombre o mujer, coordine un grupo, también puede ser complicado, despertando conductas agresivas en algún paciente.

Cuando se trabaja de a dos terapeutas, es más fácil la disociación, y los pacientes pueden tender a dejar los aspectos positivos en uno y dejar los negativos o agresivos en el otro, permitiéndole a los coterapeutas complementarse adecuadamente en la situación grupal, haciéndose cargo de aquellos emergentes. El terapeuta debe tener el entrenamiento necesario para mantener la calma, centrarse en el aquí y ahora, pero, sobre todo, mantener el clima grupal. En ese momento, es recomendable que el terapeuta agredido guarde silencio y sea el otro quien enfrente al paciente, tal vez diciéndole: ¿qué te sucede con el terapeuta?, ¿qué sientes? Y hacer con él una silla caliente, poniendo imaginariamente al terapeuta agredido al frente suyo. Entonces, se le pedirá que le diga al terapeuta (silla vacía) lo que le está pasando con él y se continuará el trabajo, hasta que el paciente se dé cuenta de lo que le sucede, y que tiene que ver con él mismo, como en toda silla caliente.

El terapeuta "agredido" no debe enganchar, por supuesto, teniendo siempre en cuenta que *una de las funciones más importantes de los terapeutas, en cualquier situación, es servir precisamente de blanco o recipiente de proyecciones*. En tanto **se está siendo el depositario de proyecciones del paciente**, el terapeuta agredido debe calmarse y dejar que el otro terapeuta aclare la situación. Ahora, cuando no se cuenta con un coterapeuta, debe trabajarlo el mismo terapeuta y, del mismo modo, ayudando al paciente a enfrentar sus temores y proyecciones.

Esto es más frecuente de lo que uno puede imaginar, y sucede porque, muchas veces, los pacientes ven a los terapeutas como la madre con la cual se pelean o el padre autoritario que tuvieron. Para eso estamos, para que proyecten en nosotros, y debemos recordarlo.

Finalmente, es bueno mencionar que trabajar con coterapeuta es siempre recomendable cuando los pacientes del grupo son difíciles, pues es el mejor modo de auxiliarse el uno al otro y mantener la calma necesaria para no perder el objetivo terapéutico.

2. Tipos de pacientes

Día a día, vemos cómo la terapia de grupo en Gestalt puede aplicarse a diversos pacientes, cito como ejemplo de esto, la experiencia de la psicóloga Teresa Huneeus, quien ha obtenido muy buenos resultados en grupos de Gestalt con esquizofrénicos, consiguiendo que la enfermedad siga un curso benigno y la persona se recupere a través de trabajo grupal y comunitario. Ella relata sus casos en su libro *Esquizofrenia: visión integradora,* que tiene por objetivo mostrar que la esquizofrenia y su evolución —sea esta la cronificación o la mejoría— dependen en gran parte de la actitud de la familia, de la comunidad, de la sociedad, del propio sujeto y de quienes lo tratan.

Personalmente, en los grupos, trabajo con personas a las cuales odio tener que etiquetar y darles un diagnóstico, cosa que en Gestalt solemos evitar, aunque, es más correcto decir que sí diagnosticamos, como en cualquier otra línea de la psicoterapia, para orientarnos en nuestro objetivo terapéutico, pero diagnosticamos y luego desechamos el diagnóstico. Lo dejamos de lado, usándolo sólo como una referencia difusa, y nos ponemos frente a frente con la persona, en una escucha fenomenológica, con la cual miramos ingenuamente a la persona impregnándonos de ésta.

Para poder contextualizar y delimitar a qué hago alusión cuando me refiero a "tipos de pacientes", debo comentar que en los grupos con los que he trabajado más frecuentemente, han predominado los pacientes ya sea con depresión o ansiedad, fobias u obsesiones, así como también con pacientes esquizoides y *borderline*. Respecto a estos últimos, que presentan trastornos de personalidad, cabe señalar que muchos han ingresado a un grupo después de un año de terapia individual, resultando muy beneficioso para ellos el poder adaptarse un grupo. Como terapeuta, el grupo ha sido una excelente ocasión donde poder mostrarles su comportamiento y señalarles de un modo apropiado y oportuno, sus posibles manejos del entorno, obteniéndose excelentes resultados, sobre todo, con pacientes *borderline*. La decisión de incluir o no a este tipo de pacientes, depende más del vínculo y de las características concretas de la o el paciente, con quien es bueno sentirnos cómodos y tranquilos, más que con el diagnostico mismo.

En cada grupo heterogéneo, recomiendo que sólo entre un paciente de este tipo, pues son pacientes difíciles y requieren una atención especial, tanto del terapeuta como del grupo. Además, el paciente continúa paralelamente en terapia individual. Para el paciente *borderline* uno de los mayores logros, es el hecho de que el resto del grupo le tome en cuenta seriamente, y que le respeten como uno más del grupo, admirando tanto su capacidad de cambio, como que logren asumir responsabilidades, del mismo modo que esto es valorado en otros. Todo esto suele hacerle sentir muy bien en el grupo. Muchas veces, esto ayuda enormemente a su proceso, básicamente, porque no sólo el terapeuta ha confiado y creído en él, sino también un grupo humano completo.

Los grupos heterogéneos, donde hay jóvenes, adultos y personas mayores, son muy enriquecedores. Grupos mixtos en los que se reúnen, por ejemplo, 4 ó 5 jóvenes universitarios, 4 ó 5 casados con hijos, 3 ó 4 personas mayores de 50; son grupos de una variedad y riqueza enormes, pues en ellos parece verse reflejado el espectro de la vida. Así por ejemplo, a un adolescente con problemas con su padre, le puede tocar en el mismo grupo un padre con problemas con sus hijos; esto le ayuda no sólo a ponerse en el lugar del padre, sino, además, a apreciar la visión de otro padre y sus sentimientos al respecto. A veces, es más fácil ver o proyectar soluciones en otros, cuando de alguna forma estas soluciones también inciden en la propia persona.

3. Objetivos del grupo

Los grupos terapéuticos son grupos de profundización. Por lo tanto, el objetivo, como en toda psicoterapia, es intentar devolver a la persona su capacidad de autorregulación organísmica, ayudándola en la búsqueda del encuentro consigo misma y restableciendo su equilibrio, con límites adecuados entre ella y el resto del mundo. Esto implica la integración de las polaridades, y también implica pasar del apoyo ambiental al autoapoyo.

Tal vez la única diferencia, respecto a la terapia individual, es que en un grupo no sólo atenderemos al proceso terapéutico de cada participante, sino también se atiende el proceso global del grupo como tal. Y es así como podemos ir estableciendo objetivos grupales, dependiendo del momento por el cual esté atravesando el grupo.

En un comienzo, estableceremos el objetivo de "armar" el grupo, donde se desarrollarán ejercicios de confianza entre los miembros. Y al finalizar el grupo, se establecerán objetivos de cierre de situaciones pendientes. Esto se presenta más detallado en el capítulo II sobre el proceso terapéutico.

A la hora de planificar y proponer ejercicios, siempre se ha de tener claro el objetivo terapéutico, tanto grupal como individual. Siempre debemos tener claro a qué estamos apuntando y hacia dónde nos dirigimos. No se trata de experimentar a ciegas con las personas, es por eso que, en cada momento, debemos recordar el objetivo final.

4. Duración del grupo

Generalmente, se estipula desde un inicio la duración del grupo; el paciente sabe que es un compromiso asistir, y por ello, tiene clara la cantidad de sesiones que se realizarán (aproximadamente entre 30 y 40 sesiones). Por lo general, se realizan un día a la semana, tienen una duración de tres horas, en un horario cómodo a los participantes, y las sesiones se realizan de marzo a diciembre, como el año escolar, quedando muy establecido cuándo se inicia, cuándo termina y los feriados correspondientes. Probablemente, al finalizar el año, uno o varios miembros del grupo sentirán la necesidad de continuar un tiempo más la terapia; la factibilidad de esto se evaluará al inicio del año siguiente. En todo caso, habría que compartir con nuevos participantes y formar un nuevo grupo.

5. Tamaño ideal

El tamaño ideal lo debe establecer cada terapeuta, pues depende de su manejo terapéutico; es decir, de la cantidad de pacientes con que se siente a gusto y se maneja bien. Para mí el tamaño ideal del grupo terapéutico es entre 12 y 15 personas. Para conseguir este número, siempre es bueno comenzar con más participantes, pues la experiencia indica que 2 ó 3 podrían abandonar. También es necesario tener en cuenta el tamaño de la sala, sobre todo para los ejercicios grupales, para que se puedan desplazar libremente y no anden a topones. También es importante determinar el número de pacientes, según el tiempo destinado a cada sesión.

6. Importancia de la comunicación en el grupo

Muchos autores nos hablan de comunicación, pero he preferido citar a Humberto Maturana, con cuyos conceptos siento plena afinidad. Él sostiene que el origen de lo humano está en el lenguaje, y que la emoción fundamental que hace posible la humanización es el amor.

En su libro *Emociones y Lenguaje en Educación y Política*, nos explica que, históricamente, se ha asociado el crecimiento del cerebro y la evolución del hombre a la utilización de la mano como herramienta; Sin embargo, él piensa que no es así, pues la mano ya estaba desarrollada en nuestros antecesores, y es más factible que la destreza manual se atribuya a la necesidad de pelar las pequeñas semillas o de acariciar. Sostiene que la historia del cerebro humano está relacionada, principalmente, con el lenguaje y su entrelazamiento con lo emocional, es decir, con la comunicación.

> "Sabemos por registros de fósiles, que tres y medio millones de años atrás, había primates bípedos que, como nosotros, tenían un caminar erecto y poseían hombros, pero que tenían un cerebro mucho más pequeño. Sabemos que estos primates vivían en grupos pequeños, como familia extendida de 10 ó 12 individuos, que incluían bebés, niños y adultos. Examinando su dentadura, sabemos que eran animales comedores de granos; por lo tanto, recolectores, y presumiblemente sólo cazaban ocasionalmente. Todo esto indica que compartían sus alimentos y estaban inmersos en una sensualidad recurrente, con machos que participaban en el cuidado de las crías, en un modo de vida que funda un linaje que llega al presente." (Maturana, 1992, p. 18).

> "Es en la conservación de un modo de vida donde compartir alimentos, en el placer de la convivencia y el encuentro y el reencuentro sensual recurrente, en que los machos y las hembras se encuentran en la convivencia en torno a la crianza de los hijos, donde puede darse y se habría dado, el modo de vida en coordinaciones de acciones consensuales[3] que constituyen el lenguaje". (Maturana, 1992, p. 20).

Maturana nos dice que el lenguaje surge del amor y éste es el fundamento de lo social, de la comunicación humana.

> "El amor, como la emoción, que constituye el operar en la aceptación mutua y funda lo social como sistema de convivencia, ocurre también en los llamados insectos sociales. Si ustedes observan un hormiguero, por ejemplo, notarán que las hormigas que lo constituyen no se atacan mutuamente, aunque si atacan y destruyen a

---

[3] **Coordinación de acciones consensuales:** coherencias conductuales que surgen entre seres vivos que viven juntos (en interacciones recurrentes) como resultado de un vivir juntos. (Maturana y Verden-Zoller, 1994, p. 165).

> un intruso, cooperan en la construcción y mantención del hormiguero y comparten alimentos. En efecto, a partir del estudio de las distintas clases de insectos que existen actualmente, y de los restos fósiles que de ellos hay, uno puede mostrar que el origen de la socialización de los insectos, se produce en el momento en que las hembras ponen huevos y se quedan tocándolos y chupando ciertas secreciones, sin comerlos o dañarlos. En otras palabras, la historia de los insectos sociales se inicia cuando las hembras tratan a sus huevos como compañía legítima en una relación de aceptación mutua... Si las hembras se hubiesen separado de sus huevos o los hubiesen destruido al tocarlos, la historia no habría ocurrido". (Maturana, 1992, p. 24).

Maturana nos dice que lo humano surgió cuando nuestros ancestros comenzaron a vivir en el conversar, en la comunicación, y esto se conservó, generación tras generación, en el aprendizaje de los hijos. Para él, el vivir humano consiste en un vivir en conversaciones y redes de conversaciones. Por lo tanto, la comunicación es inseparable de lo humano, de lo social, es el acto de compartir, en el placer de la convivencia; es el encuentro y el reencuentro sensual recurrente.

7. Reglas básicas de comunicación en el grupo gestáltico

En Gestalt intentamos que la comunicación sea lo más verdadera, honesta y responsable posible. Para ello, comenzaremos con nuestro ejemplo como terapeutas, y paulatinamente, iremos introduciendo ciertas reglas, que nos faciliten la comunicación y que nos ayuden a ser lo más auténticos y sinceros, con nosotros mismos y con los demás.

Estas son reglas básicas de la Gestalt y pueden especificarse al comienzo del grupo, o bien, ir entregándolas paulatinamente, en el contexto en que se vayan dando. Personalmente, prefiero ir dando de a poco, a medida que se van presentando las situaciones, para no atiborrar de reglas al inicio de grupo.

- Hablar directamente a la persona, buscando el encuentro, mirándola a los ojos, no a la pared o al montón. Haciéndonos cargo de lo que decimos y cómo lo decimos.
- Hablar desde el "yo" en vez del "uno o alguien". Haciéndonos responsable de lo que decimos, tomando conciencia de nuestras palabras.
- Dándonos cuenta del modo en que decimos las cosas, el tono de voz, los gestos, lo corporal y todo el lenguaje no verbal que transmitimos al otro.
- Intentando hablar desde lo que sentimos, más que de lo que pensamos y / o creemos.
- Evitando interpretar o juzgar al otro, sin ser categórico; más bien, desde una actitud abierta: es mejor decir "me imagino que tú..." dando realmente la posibilidad de que el otro responda a nuestra inquietud.
- Evitar los consejos, ya que suelen poner en un sitio de honor o privilegio al que los otorga.... (el que sabe y que no sabe).
- Evitar teorizar o intelectualizar sobre los temas tratados, que es otro modo de otorgar diferencias y establecer rangos.
- Evitar sermonear y pontificar predicando "La Verdad".
- Evitar las justificaciones de lo ocurrido y concentrarse más bien en lo que a mí me sucede con esto, sin buscar culpables o responsables de mi desgracia.
- Evitar indagar las causas que no nos llevan a ningún sitio y cambiar el "por qué" por el "cómo". El por qué nos lleva a una interminable cadena de preguntas, respuestas infructuosas, culpas y explicaciones, que no ayudan a cambiar. El "cómo" y "qué", en cambio, son preguntas útiles, que pueden conducir a un entendimiento más profundo.

- Se prioriza el hablar desde sí, desde lo que sentimos, cómo nos sentimos con esto y lo que nos ocurre en esta situación. Dando cuenta de quiénes somos, mostrándonos y atreviéndonos a ser quiénes somos.
- En la medida en que van surgiendo preguntas en el grupo, cambiar éstas por afirmaciones, pues muchas preguntas, son, en realidad, trampas. Por ejemplo, si pregunto "¿cuándo regresaste?" parece una pregunta ingenua, pero si yo sé que regresó la semana pasada y estoy enojada porque no me llamó, lo que debería decir es: "sé que regresaste la semana pasada y estoy enojada porque no me llamaste".
- Cambiar el "no puedo" por "no quiero", el "necesito" por "quiero".
- El "pero" es una palabra útil, que puede señalar diferencias o contrastes, así como también puede ser usada para negar la primera parte de una frase; por ejemplo: "ella es una chica agradable, simpática, inteligente, pero es muy superficial"; es como si lo último anulara todo lo anterior. Las frases que contienen la palabra "pero" pueden ser tan autonegadoras que pierden sentido y no expresan nada.

8. Entrevista individual a los pacientes

Siempre es bueno conocer a los pacientes antes de comenzar un grupo. Por eso, es aconsejable tener una o dos entrevistas previas, haber establecido algún vínculo y descartar psicopatías que pudieran interferir en el tipo de grupo al que la persona está ingresando. También, al seleccionar a los pacientes, debemos recordar que pueden tener mayores dificultades, aquellos que tienen poca tolerancia a la situación grupal (aunque de todos modos se pueden realizar grupos con ellos); por ejemplo: psicóticos, paranoides, pacientes con problemas de organicidad o de CI. En este caso, todo dependerá del terapeuta que coordina el grupo; su confianza, su creatividad, su manejo de grupo, su actitud tranquila, sin temerle a los pacientes. Es recomendable dejar fuera a los pacientes con un manejo psicopático, ya que tendrán poco compromiso emocional con lo que se haga o diga, y son muy hábiles en la mentira, interfiriendo con los procesos grupales.

En la entrevista individual, no olvidarse de mencionar:

- Los objetivos de la terapia de grupo.
- Los beneficios de la terapia grupal y la utilidad de la misma.
- Dar a conocer las normas del grupo: horarios, ubicación, composición del grupo y lo que se espera de cada uno de los participantes.
- Explicar que la asistencia debe ser lo más regular posible.
- Prever problemas iniciales y minimizar impactos en cuanto al desaliento y frustración de las primeras sesiones, secretos vergonzosos u otros.
- Especificar cobros al inicio, dónde, cómo a quién y cuánto se debe pagar, así como eventuales reembolsos de boletas.
- Especificar posibles retiros del grupo.
- Compromiso de confianza entre los participantes, en el sentido de que todo lo que se diga quedará entre ellos; no está permitido contar lo dicho dentro del grupo fuera de éste. Sólo se puede contar sobre uno mismo y de sus propias experiencias, sin comprometer nombres y personas del grupo.

Todos estos conceptos se reafirmarán luego en las primeras sesiones grupales. Pero es bueno que el paciente las tenga claras desde antes, y que tenga la posibilidad de conversar y discutir cada uno de estos principios, así no se perderá tanto tiempo explicándolos en la primera sesión.

Una de las vías terapéuticas más empleadas en la terapia Gestalt es el representar, o más bien, el revivir los conflictos internos en el presente. Para ello, muchas veces, se utiliza **la silla caliente**, ejercicio ya explicado ampliamente, que permite al individuo reconocer los conflictos con mayor facilidad y, sobre todo, le permite un acercamiento intenso al núcleo conflictivo que genera tensión. El modo fenomenológico enseñado desde la Gestalt, permite ponerse en el lugar del otro, ser el otro por un momento, conectarse con sensaciones y emociones del otro, con sus proyecciones y sobre todo permite un modo más abierto, más consciente y menos alienado que el habitual, de ver la relación con el otro. Es decir, permite, con una facilidad asombrosa, pasar de una vivencia a otra, de una emoción a otra, con lo cual puede captar lo esencial de la vivencia temporal. Lo esencial es muchas veces negado, las personas hacen pasar a primer plano aspectos secundarios, que no existen sino en el pensamiento (fijaciones), pues organísmicamente, las cosas ocurren de un modo diferente. Este es el verdadero trabajo de la Gestalt y sólo se puede hacer "vivenciando" aquello de lo que nos estamos quejando. De este modo, el paciente al hacer una silla caliente, se conecta con las emociones que no ha querido ver antes y deja de echar la culpa al otro. Asume sus emociones y se responsabiliza de ellas. Es así como se completa una Gestalt.

Esto fue lo que genialmente descubrió Perls, esta unidad básica del organismo que se puede dividir momentáneamente, para estudiar y entender que cada momento tiene "conciencia" de la totalidad. Es el *awareness*, que hemos traducido como "darse cuenta", que, como dice Perls, es lo básico de la Gestalt; sin este *awareness* no hay nada.

Similar a la silla caliente, en Gestalt tenemos los roles, esculturas, representaciones familiares u otras dramatizaciones, que se utilizan con el mismo objetivo de la silla caliente; es decir, como apertura de conciencia. También se utilizan como métodos de exploración de adaptaciones sociales, que dan lugar a esquemas rígidos de conducta, permitiendo a la persona explorar y modificar situaciones reales pasadas y futuras.

Las técnicas ayudan y son parte importante del proceso terapéutico, pero el terapeuta no debe confundirse y transformarse en un demostrador de técnicas; por el contrario, debe mantener su rol de guía y ser un experto en utilizarlas, para lograr que sirvan a su propósito. **El terapeuta debe ser un experto en el cómo, cuándo y en qué momento utilizarlas.** Las técnicas son sólo herramientas para la expresión y no debemos sobrevalorarlas, pues falsamente y desde el desconocimiento, muchas veces se les ha atribuido a ellas la mejoría del paciente.

Por ello, al hablar de técnicas, es necesario recalcar la importancia del vínculo terapéutico, de la relación terapeuta-paciente, y cómo ésta es esencial en el momento de evaluar la mejoría del paciente. Pareciera ser que, más allá de las técnicas que se ocupen, y de las teorías que las sustenten, lo esencial es ser un buen terapeuta y establecer un buen vínculo con el paciente.

Al respecto, Claudio Naranjo (2000) nos dice, en su libro *La Vieja y Novísima Gestalt*:

> "Si la efectividad de la psicoterapia fuera completamente dependiente de la totalidad de sus técnicas, podríamos esperar que algún día las computadoras tomaran a su cargo las funciones del profesional y que los enfoques tipo 'hágalo usted mismo' que exponen el detalle procesal del enfoque, fueran tan efectivos como la situación interpersonal. Este es un punto de vista que, hoy en día, la mayoría de los psiquiatras rechazaría a partir de la convicción de que lo crítico en el proceso de curación es la relación personal entre médico y paciente.
>
> El profesional con habilidad en psicoterapia es, por sobre todo, aquel que puede producir acción real, más allá de las acciones superficiales, las cuales, si no están respaldadas con la actitud apropiada, no son más que un ritual vacío. Es capaz de detectar la actitud exacta, reforzarla, exigirla, enseñarla, pues la conoce en sí mismo. Cualquier libro puede describir una técnica, pero una actitud debe ser transmitida por una persona". (Naranjo, 2000, pp. 11-13).

Los ejercicios en grupo son muy diversos y son bastantes difíciles de clasificar, ya que pueden servir a diferentes propósitos. Los ejercicios de grupo son una herramienta, y como tal, deben usarse con un claro objetivo terapéutico, siempre sabiendo por qué y qué deseamos lograr con el mismo. También, como toda herramienta deben modificarse o adaptarse, si es necesario. Es importante ser creativos e idear ejercicios que puedan facilitarnos la tarea propuesta; es decir, siempre deben generarse desde una mirada fenomenológica del grupo. El o los coordinadores se conectan con el "aquí y ahora" del grupo y exploran los supuestos posibles y, desde éstos, crean o recrean un ejercicio, adaptándolo a la necesidad del grupo.

En el capítulo IV, podrás encontrar algunos ejercicios aplicados; en ellos se mostrará en forma clara y concreta el objetivo y la situación determinada en que se emplearon dentro del proceso terapéutico. Posteriormente, en el capítulo V, se detallan los ejercicios más utilizados en el grupo terapéutico. Finalmente, en el capítulo VI de presentación de casos, se podrá apreciar una diversidad de técnicas empleadas.

9. Dificultades en la dinámica de grupo

Lo primero que debemos saber, cuando deseamos trabajar con grupos, es que en éstos todo se acentúa; se multiplica lo bueno y lo malo. Así, por ejemplo, una persona que es algo agresiva, puede mostrarse con estos rasgos muy acentuados al estar en grupo y sentirse apoyada por sus miembros. Basta observar entre los jóvenes, a aquellos muchachos que, en compañía del grupo, realizan verdaderos actos de vandalismo que, si estuvieran solos, serían incapaces de hacerlo.

Por ello, un buen coordinador de grupo siempre debe comenzar por observar fenomenológicamente lo que está naturalmente ocurriendo; es decir, la dinámica espontánea que se está dando en el grupo; y en este modo de abordar la observación, debe ser muy riguroso, permitiendo que los participantes se comporten como siempre lo han hecho, observando los movimientos que hacen, quiénes son los líderes, los diálogos cruzados que se producen, las interrupciones, los boicots al tema, etc.... Si simplemente observamos, veremos que siempre habrá algo que resalte en estos grupos, y sin necesidad de hacer mucho, esto puede modificar la dinámica del grupo; como por ejemplo, si ***A*** y ***B*** están compitiendo en posturas, bastaría que le pidiéramos a ***B*** que se cambie de lugar y sea o haga como si fuese ***A*** un rato, y continué con el tema en cuestión, y viceversa.

Así, por ejemplo, es frecuente que en los grupos de pares[4] surja una mayor competencia entre los miembros, y con el coordinador, al cual se le exige una mayor capacitación o preparación en el tema, lo cual requiere que esté preparado para la situación, y aprenda a resolver estos conflictos. Así se pierde la espontaneidad y tienden a ser algo más estructurados, rígidos, tanto en el rol que juega cada miembro, como en la dinámica del grupo mismo. O bien, algunas veces, surgen preferencias o simpatías entre unos y otros. Todo esto, es bastante frecuente y por ello es bueno que el coordinador, además de observar el grupo y estar atento a lo que de él surge, esté también atento a limpiar el ambiente entre los participantes; es decir, evitar las generalizaciones, prejuicios, ideas preconcebidas u otros que interfieran en la buena relación de los miembros e impidan el objetivo del grupo.

En el manejo de grupo, debemos recordar que las respuestas grupales (tácitas o implícitas) pueden facilitar u obstruir el proceso grupal, dependiendo de los atributos que el coordinador tenga y del uso que éste haga de las respuestas del grupo; por eso, para un buen manejo de grupo, será fundamental el rol de conductor de grupo y las cualidades que éste tenga para el logro de los objetivos planteados.

---

[4] Grupos de pares: formados por personas que ostentan los mismos cargos y jerarquías: psicólogos, educadores, profesionales, alumnos u otros que, teniendo una formación similar, les toca o se les asigna trabajar juntos en un proyecto común, como en nuestra formación de psicoterapia.

El coordinador de un grupo tiene que saber y conocer todos los errores que se pueden cometer y las consecuencias de los mismos.

A continuación, se señalan las dificultades más frecuentes que se suelen presentar en los grupos terapéuticos; entre ellas: los abandonos, la incorporación o expulsión de un miembro, el desplazamiento de la agresividad hacia uno de los miembros del grupo, y también, las interrupciones más frecuentes que se dan en la dinámica grupal, como son: el barullo, las risitas banales, el hacer subgrupos, los *acting out* y el manejo de la transferencia y contratransferencia, dentro del grupo terapéutico.

10. Los abandonos

Los abandonos al inicio del grupo son muy comunes y es bueno preocuparse de ellos, para no desmoronar el grupo. Generalmente responden, principalmente, a aquellos pacientes que no pueden, o más bien no quieren, realizar tareas grupales; por ejemplo, personas con fobia social, exceso de timidez, paranoia, u otros. Cuando ocurre, ya sea que la persona se retire bien o que abandona el grupo de mala manera, descalificando al grupo o al coordinador, siempre se debe tranquilizar al grupo, explicando los motivos reales del abandono o las dificultades del paciente, intentando ser cuidadoso tanto de la persona que se retira como de aquellas que continúan.

Debemos ser cuidadosos al hablar de las personas, sobre todo cuando no están presentes, considerando que las relaciones interpersonales son muy importantes, no sólo en el grupo. Por eso, se debe intentar mostrar lo sucedido de la forma más objetiva posible para que se entienda el motivo de abandono, pero sin acentuar eventuales aspectos patológicos de la persona. También, es una forma de cuidar a aquellas que se quedan, reforzando la ética profesional y si, por algún motivo, alguno de ellos se retira, a su vez sabrá que no se hablará mal a sus espaldas. Las explicaciones de lo que ha sucedido, son absolutamente necesarias e importantes, pues los abandonos tienden a "boicotear" la cohesión grupal y la estabilidad del grupo.

Al iniciar el grupo, o a veces incluso en las sesiones previas, es bueno informar a los participantes de los posibles abandonos que suelen suceder; de este modo, están más preparados para los mismos y de seguro, causarán menos daño al grupo. Personalmente, les explico a mis pacientes que esto es algo que suele ocurrir al inicio y también, por el mismo motivo, les pido a todos los participantes que al menos asistan a tres sesiones, y luego de eso, el que desee puede optar por no seguir. Esta sugerencia respecto a asistir por lo menos en tres oportunidades, la fundamento en que esto les permitirá apreciar en qué consiste una terapia de grupo y no salgan apanicados en la primera o segunda sesión, que es en donde se sienten más inseguros, y en las que cunde la paranoia. Así, luego de la tercera sesión, al menos han logrado experimentar "lo bueno y lo malo" del trabajo de grupo. De algún modo, los abandonos así pactados, suelen ser mejor tolerados por todos y se sabe que los que quedan serán los que realmente conformarán el grupo.

Muy distinto es que un paciente pueda aparecer con una actitud "algo negativa" frente al grupo, cuando éste ha permanecido uno o dos meses y ya consideramos que se ha consolidado. Este paciente, suele decir cosas como: "es que yo no sé si esto a mi me sirve", "pienso que tal vez este grupo, no es para mí", "tal vez lo que yo necesito es otra cosa", "a ustedes tal vez les hace bien, pero a mí no me sirve mucho", "siento que no aprendo nada y los veo a ustedes tan bien", etc. En este punto, ya el coordinador ha percibido la actitud crítica y cuestionadora del paciente; entonces, debe tener una actitud más bien de exploración en lo que le sucede, y debe brindar oportunidad para que la persona se dé cuenta de lo que está haciendo. Para ello, por ejemplo, podría pedirle a esta persona que, para la próxima sesión, traiga una mini revisión de situaciones en que haya iniciado una actividad, y después la haya dejado por los motivos que fuera. Esto puede ser sugerido de la siguiente manera: "quiero que te des cuenta si esta actitud de descontento tiene algo que ver contigo". Si esto no esto no fuera suficiente, y se percibe una actitud mantenida de boicot o resistencia del paciente, que justifica lo que le sucede sin tomar conciencia de ello, sin darse cuenta de su propio proceso... se debe detener el boicot, no sin antes aprovechar la situación, para que todo el grupo se dé cuenta de su grado de participación.

Si la hipótesis es que hay manipulación o boicot, el coordinador puede sugerir un ejercicio grupal, para determinar el grado en que esto ocurre, y también puede servir para que cada miembro ejercite ampliamente su capacidad de manipular. Para ello, se los puede dejar que interactúen libremente, hasta llegar a darse cuenta de que la verdadera manipulación es la que se hace a conciencia de lo que se quiere obtener: esta es el arma número uno de los grandes vendedores. Aquellos que manipulan a otros, sin darse cuenta de lo que ellos quieren, generalmente se quedan frustrados. Al poner de manifiesto la manipulación, se toma conciencia de lo que realmente desea cada uno, y ahora sí se puede abrir el tema más cómoda y abiertamente. Tal vez, cuando la persona declara sentirse mal o cree que esto no es para ella, su queja contenía implícita la esperanza que se la convenza o se le exija quedarse, y así no debe responsabilizarse ella misma... en fin, el ejercicio permite que se abra el tema.

Si alguien insiste en una actitud negativa y descalificadora del grupo, debemos ser firmes, no sólo porque perjudica al grupo mismo, sino también porque debemos ser firmes antes la neurosis. El coordinador debe asumir su rol dirigente, y poner las cosas en su lugar, develando lo que está sucediendo y poniéndolo de manifiesto. Primero, mostrándole la manipulación que hace, la falta de conciencia (de darse cuenta) de sus actos, respecto a lo que sucede con los demás, y respecto a lo que sucede con él mismo; es decir, hacerle ver cuánto de esto tiene o no que ver con el paciente. Finalmente, si la decisión es que se retire, es mejor ayudarlo a irse y no desarmar el grupo, siempre aclarando y mostrando grupalmente lo que está sucediendo.

11. La incorporación de nuevos miembros

Es recomendable mantener un número de 12 a 14 personas en los grupos. Y si se han producido abandonos al inicio, es bueno plantear, luego de un tiempo, la apertura a la incorporación de nuevos participantes, para que el grupo no se desinfle o pierda energía.

Cuando está planificado que los grupos durarán un año, abro la posibilidad de ingreso de nuevos participantes en la mitad del período, muchas veces coincidiendo con vacaciones de invierno. Y, una vez que se incorporan, recomiendo que no lo hagan uno a uno, pues produce desgaste en el grupo, sino juntar de 2 a 4 personas, para que ingresen todas el mismo día. Esto es bueno para los que ingresan, porque no se sienten solos frente a los demás, y también para el grupo, que no va perdiendo sesiones en conocer a cada uno. Igualmente, siempre se deben destinar un par de sesiones especiales para rearmar el grupo, que se conozcan y que vuelva a establecerse la confianza entre ellos. Es importante escoger el momento adecuado para el ingreso de los nuevos, y directamente plantearlo frente al grupo. Y, por supuesto, el coordinador deberá tener algunas consideraciones especiales con los nuevos para que se sientan aceptados por el grupo.

En uno de mis grupos, por ejemplo, incorporamos a dos mujeres a mitad de año; una era psiquiatra (conocía bastante de terapia de grupo) y la segunda, Mireya (30 años), era una muchacha que jamás había asistido a ningún tipo de terapia. Mireya venía porque había estado a punto de morir por una grave afección en la arteria aorta. Le habían implantado un pedazo de arteria artificial y venía dispuesta a conversar con su corazón y sus arterias, para ver qué sucedería, y entender el mensaje de su enfermedad, ya que había escuchado del trabajo con órganos, y se daba cuenta de que su estado anímico le afectaba directamente. En su primer día, se trabajó al centro con otra participante, en un ejercicio de silla caliente con sus polaridades, y Mireya la miraba con cara de "dónde me he metido y qué es esto" (como a punto de salir corriendo del grupo). Recuerdo haberla tranquilizado, diciéndole que a ella no la escogeríamos para salir al centro, hasta que no lo deseara, palabra simples que fueron claves para no huir del grupo, según me contó tiempo después. Más adelante, Mireya realizó un diálogo con su arteria y en él fue capaz de tenderse en el piso por largo rato, representando sus arterias, con ojos cerrados, y luego cambiar a ser ella. En fin, logró mantener un diálogo gestáltico con un órgano, como todos los demás integrantes del grupo. Sin embargo, para su incorporación, fue vital el respetarle el tiempo necesario y permitirle ir adaptándose lentamente a los ejercicios.

12. La expulsión de un miembro de un grupo

La expulsión de los miembros es muy difícil, por lo mismo he de contar un gran error cometido en un grupo terapéutico, que me parece interesante contarlo pues de ellos podemos aprender.

En un grupo de jóvenes, que ya había comenzado hacía un mes, con mi coterapeuta (psiquiatra), decidimos ingresar un nuevo participante, que había llegado a la consulta particular, pensando en lo beneficioso que sería para él poder acceder al grupo y, para éste, tener un integrante más. Se le había hecho sólo una entrevista (lamentablemente, no en profundidad) y nada parecía indicar problemas, excepto una clara y marcada tendencia hacia lo militar, e ideas políticas de extrema derecha. El muchacho, además, manifestaba que deseaba ser militar, cosa que no nos pareció importante, pues siempre hemos sido muy abiertas a todas las preferencias. Pero, realmente este no era el problema, sino lo que se escondía detrás de todo aquello. A medida que transcurría el trabajo grupal, su tendencia se hacía más y más marcada; se molestaba con otro participante por tener el pelo largo; se molestaba con atrasos y conductas de los otros miembros; criticaba abiertamente a los hippies y "carreteros". Cabe comentar que un gran porcentaje del grupo, eran jóvenes, y que sus principales problemas, rondaban sobre los usos y abusos de sustancias, permisos con los padres, rebeldías, etc. Atendiendo al aquí y ahora, trabajábamos en ese momento, confrontándolo con lo que le sucedía, y pronto, todo pareció marchar relativamente bien.

Aproximadamente, al mes y medio de su ingreso, un día llegó a confesar que él era neonazi y que salía por las noches a golpear a peruanos en la Plaza de Armas, una conducta absolutamente racista y muy brutal, sobre la que no vale la pena extenderse aquí. Su relato asustó a todos los participantes, nos dejó helados, boquiabiertos. Las terapeutas no habíamos captado, hasta ese momento, el grado de psicopatía del muchacho; recuerdo que uno de los participantes se acercó con posterioridad al término de una sesión grupal y me dijo: "cómo voy a contar que fumo marihuana, si este loco me puede agarrar con su grupo de neonazis en la calles; Santiago es muy chico y en los lugares públicos todos se conocen". Comenzó a cundir el pánico en el grupo, y ningún participante deseaba comprometerse.

Como terapeutas, debíamos hacer algo, y expulsamos al joven neonazi del grupo; explicamos las razones, intentando ser lo más benévolas posibles, tanto con él como con el grupo. Explicamos a él en el grupo, por qué pensamos que debía dejarlo y por qué una terapia individual podría ayudarlo mejor. El que lo sacáramos del grupo, a pesar de que en el momento lo tomó muy bien y estuvo de acuerdo, despidiendo y cerrando bien el grupo, con posterioridad, en las siguientes sesiones individuales, lo alteró por completo y comenzó con mucha ira, a proferir amenazas de contenido violento contra la coterapeuta en su consulta, y luego en su propio domicilio, obligándole, finalmente, a solicitar protección policial. Una vez en este punto, nos negamos, incluso, a atenderlo en forma individual.

Eliminar a un paciente de un grupo es algo muy poco frecuente y bastante difícil, pero es un paso terapéuticamente necesario, cuando el paciente sabotea el grupo, más aún, en el caso relatado, en que se atemorizaba al grupo, aumentando la ansiedad e inhibiendo la participación de los miembros. Obviamente, después de su salida, la confianza en el grupo se restableció.

Con esta experiencia, aprendí una gran lección: jamás ingresar a un paciente sin conocerlo, y sin saber si ese grupo es o no apropiado para él, o si éste causará problemas en el grupo. Desde aquel entonces, dejo fuera a las personas con claros rasgos o conductas psicopáticas, por el riesgo de que estas personas puedan hacer mal uso de la información confidencial que se tiene en el grupo y como protección de los participantes del mismo.

13. El desplazamiento de la agresividad, "chivo expiatorio"

El "chivo expiatorio" se refiere a cuando el grupo designa, muchas veces en un lenguaje no verbal o explícito, a una persona como la depositaria de lo negativo o de la carga de todos los aspectos no asumidos del grupo. Este es un fenómeno común en los grupos humanos, frente al cual, lo más adecuado es interrumpir esta agresión hacia el participante, antes de que se transforme en "chivo expiatorio"; para ello, el terapeuta debe hacerse cargo de la situación.

Se produce, por ejemplo, cuando varios miembros del grupo se sienten molestos con la actitud o comportamiento de un miembro y lo usan para reforzar su mala comprensión de lo que se pide y/o cuestionar la autoridad del coordinador.

El terapeuta asume la responsabilidad de confrontar a aquel que lo requiera, mostrándole drásticamente que no se está ateniendo a las reglas aceptadas por el grupo, y haciéndole ver que la integridad del grupo es esencial, y no puede romperse por una persona.

El coordinador se transforma en el portavoz de la crítica colectiva y enfrentará a la persona de un modo especial, haciendo la crítica más intensa, más que cada crítica individual. Si bien, a veces puede aparecer algo duro frente a la persona en cuestión, es seguro que ahora el grupo va a querer defenderla: "no era para tanto". Es como cuando un hermano se queja, y el padre o madre, castiga al acusado más de lo necesario; el grupo se vuelva a cohesionar, uniéndose en la defensa de la persona. El terapeuta ha logrado así evitar las agresiones hacia el participante y no fomentar la aparición del chivo expiatorio. Nuevamente se ha logrado la cohesión, y esta persona no seguirá siendo la depositaria de la agresión grupal. Por unos instantes, la agresión será depositada en el terapeuta, pero el buen vínculo y la buena transferencia, harán que esto pronto deje de ser importante y se aclare.

Recuerdo a una paciente quejumbrosa, que constantemente interrumpía con los típicos "sí, pero a mí..." queriendo acertar, pero descalificando y con explicaciones sobre ella misma, que se alargaban y alargan, cuando la finalidad era contar la historia de otro. En resumen, una paciente que siempre ocupaba mucho espacio para ella, y pidiendo disculpas por hacerlo, pero sin embargo, pidiendo más y más para ella, siempre quejumbrosa y sufriente. Esto, al principio fue tolerado y se le escuchó bastante, pero cuando se comienza a ver que siempre es lo mismo... genera gran incomodidad en los participantes; se ven inquietos, miran a la terapeuta, como diciendo "hasta cuándo", le dan miradas descalificadoras a la paciente, y cuando se ausentó, la terapeuta escuchó por azar en el café, comentarios sobre lo quejumbrosa y difícil que es. Ella está siendo depositaria de cosas negativas que aparecen en el grupo, y está siendo tildada de pesada, quejumbrosa, etc.

Ante esto, y antes de que el grupo la rechace y la convierta en chivo expiatorio, la coordinadora se tuvo que hacer cargo de la situación. Para ello, la terapeuta actuó y enfrentó a la paciente, incluso mostrándose algo más enérgica o "pesada" que lo que sería habitualmente, y la detuvo en su queja. Le pidió que intentara no interrumpir, que se diera cuenta de su queja, que tomara conciencia de su modo de pedir atención en el grupo, que se atuviera sólo a lo de ella y lo que está sintiendo en el aquí y ahora, que no contara historias de otros, que el estar aquí le podía ayudar a aprender nuevas formas más directas de comunicarse, etc. En fin, la terapeuta se mostró firme y severa con ella, siempre con un trasfondo terapéutico en lo que se le dijo, para que la paciente pudiera darse cuenta de que, al fin y al cabo, era algo positivo para ella. Todo esto se hizo frente al grupo.

Esto rebaja instantáneamente la mala onda del grupo con la persona, que ahora tenderá, más bien, a apoyarla por haber sido "retada" y, automáticamente, la vuelven a incorporar como parte del grupo. Ocurre algo así como: "ella me caía mal, porque siempre se quejaba e interrumpía mucho, pero ahora que la retó la terapeuta y fue dura con ella, me da cierta pena", y los otros participantes terminan acercándose a ella y la incorporan. Como coordinadores, debemos saber que estamos cuidando el grupo y que es bueno para la persona, pues se le pone el límite. Es bueno para el grupo, pues se evita la interferencia y que ella no se convierta en la rechazada.

Como terapeutas, sabemos que podemos quedar mal por un momento, pero no debemos temer por ello, este es uno de los momentos en que nos asemejamos al padre o a la madre y que, si bien seremos rechazados por un instante, pronto volverá el respeto y la admiración por el conductor de grupo, que supo, en su momento, poner los límites adecuados, cuidando el grupo y también respetando y cuidando a la paciente en cuestión.

14. El silencio, las risitas, las conversaciones banales

Sobre todo al comienzo de los grupos, el silencio, las risitas, las conversaciones banales o el barullo, son muy frecuentes y, como en todo grupo social, siempre dificultan el encuentro más profundo y verdadero entre los participantes. Al dirigir un grupo, se debe tener una cierta cuota de paciencia para que disminuyan los barullos y las conversaciones banales.

Para facilitar que aminoren, el terapeuta puede dirigirse a uno de los miembros, dando él el ejemplo, hablándole del modo más auténtico y verdadero posible, haciéndose responsable de lo que dice, mostrando el propio compromiso y cuán involucrado está en el tema por completo… y así, gradualmente, ir llevando a los demás a la interacción. Esto generalmente resulta, pues es un modo de entregar una pauta de comportamiento al grupo, que pronto la adquiere y se pone a la altura de la situación. Si aún así, continuaran las interrupciones, con risitas molestas o barullo, el coordinador deberá ponerle fin, abriendo el tema y exponiéndolo en forma clara y directa al grupo, mostrando estas risitas como pequeños mecanismos de evitación de contacto, que pueden perjudicar al grupo.

15. El poner etiquetas

Es bueno evitar "poner etiquetas". Y, si los participantes lo hacen, el terapeuta puede, por ejemplo, constatar que es cierto que tal persona está enojada y que, sin embargo, no se le debe poner un rótulo, ya que es una manera de clasificarla sin darle posibilidades de cambio, que es justamente la finalidad del grupo, y, por lo tanto, es importante respetar siempre esta posibilidad. Una manera de abordar este tema, es transformándolo en pregunta. Así, siguiendo el ejemplo anterior, el coordinador diría: "me imagino que estás enojado ¿qué te ocurre?… ¿Qué sientes?…". Y a aquél que etiquetó, preguntarle: "¿qué te ocurre a ti cuando alguien te etiqueta? ¿Qué sientes? ¿Y cómo te sientes con ello?…" En definitiva, el coordinador debe personalizar y enseñar con su ejemplo, a hacerse responsable de las palabras y acciones de cada uno.

16. Hacer subgrupos

Se puede producir tanto en los inicios de un grupo, como en el transcurso del mismo; generalmente reflejan un cierto malestar de los integrantes y, cuando esto ocurre, lo mejor es poner en evidencia lo que está sucediendo. Si es posible, se les pide a los miembros del subgrupo que compartan con todos la información, o lo que se están diciendo, que hablen, que expresen lo que ocurre. Otras veces, el coordinador puede detectar que tratando directamente el problema, éste podría agrandarse y, en ese caso, se pueden utilizar ejercicios que ayuden a poner de manifiesto lo que el coordinador está percibiendo. Por ejemplo, en el caso de que haya una gran rivalidad o competencia entre algunos miembros o incluso con el coordinador, se puede realizar un ejercicio de competencias entre los participantes, en el que el coordinador da la siguiente consigna: "por favor, ordénense en una fila, del más alto al más bajo" y luego, sigue pidiendo orden en relación a las características del problema que está sucediendo en el grupo, por ejemplo: el más inteligente, el más seguro y confiado, etc. **El objetivo es manifestar lo obvio**, poner en evidencia lo que solapadamente se está diciendo o haciendo, y desde ahí trabajando en el aquí y ahora, ver lo que sucede con los participantes, cómo se sienten y qué sienten con ello. Y así, finalmente, aclarar la situación.

17. *Acting out*

Laura Perls dice al respecto:

> "(...) todo paciente, de alguna manera, está "actuando" durante todo el tiempo, decimos que hace un *acting out* principalmente cuando su actuación es, a todas luces, inconveniente, inapropiada, exagerada, demasiado agresiva, perversa —cuando interrumpe su desarrollo y sus relaciones normales". (Fagan y Sherpherd, 1973, p. 132).

Entonces, entendemos el *acting out* como el poner en acción, fuera de contexto, un impulso o conflicto negado: rabia, ira, desprecio hacia el terapeuta, celos, sentimientos sexuales, etc. Aquí, las racionalizaciones se vienen abajo y el terapeuta debe contener, con límites claros, teniendo presente el rol catalizador del terapeuta. Por ello, el terapeuta debe contener con serenidad, pero con los límites y reglas claras, intrínsecas a su rol y al del participante. Es muy importante **no tomar el *acting out* como algo negativo**: la rabia, el descontento y la crítica, no lo son necesariamente. Por eso, debemos poner el acento en el darse cuenta; es decir, tomar conciencia de lo que le está sucediendo en ese instante. Debemos ayudar a la persona a tener un darse cuenta desde la totalidad de lo que le está sucediendo, desde lo organísmico.

Como señala Laura Perls, la misión del terapeuta es ayudar al paciente a confiar en sus propios recursos, para alcanzar una conducta más integradora, y no sólo impedir el *acting out*, aunque, para el terapeuta, también sea una forma posible de reaccionar en ese momento (Fagan y Sherpherd, 1974).

Cito a Perls, quien señala que las personas deberían estar más conscientes de lo que está haciendo, ratificando la importancia del darse cuenta de su actuación.

> "Quiero decir algo sobre el *acting out* en general. Este término, *acting out*, me hace volver a la época en que yo era psicoanalista, cuando el *acting out* era algo malo. La rígida exigencia de Freud era: "no debes actuar, sino recordar". En su preocupación con el pasado, Freud decía que las personas deberían recordar en vez de actuar, pero en mi opinión, su idea era que deberían darse cuenta o tener la suficiente distancia frente al problema, de modo que pudieran trabajar en ello. En términos freudianos, las personas deberían estar más conscientes de lo que están haciendo. En cierto modo, la idea de Freud era correcta. Él creía que las personas

> viven ciertas actitudes neuróticas y que, al vivirlas y actuarlas, escapan al tratamiento. Ahora, cuando en terapia gestáltica hablamos de *acting out*, no queremos decir: 'vívelo', sino 'sé un actor'. Tenemos un guión bajo la forma de un sueño o una fantasía. Vemos que el sueño o la fantasía son una historia, un drama, y lo actuamos de nuevo en la terapia, para darnos más cuenta de lo que somos, de nuestras potencialidades. Freud debería decir: 'date cuenta de que actúas un rol'. Pero, en cambio, Freud presentó un tabú como: 'no deberías actuar, pues es algo malo'." (Perls, citado en Stevens, 1993, p. 27).

Para no tomar el *acting out* como algo negativo, es muy importante **la actitud y lo que le esté sucediendo al coordinador** de grupo, pues si lo que la persona está mostrando o señalando es justo aquello que no se soporta, esto hace un verdadero cortocircuito con el conductor de grupo. Es ahí donde debemos intentar sanar lo más posible nuestras propias heridas. Por ejemplo, si la persona se está descontrolando y llora y grita, patalea o tiene otra actitud fuerte, por ejemplo, ante una mala noticia, y si, por casualidad, el coordinador viene de pasar un mal momento por algo similar, donde éste no soporta los gritos... los gritos de la persona se sentirán tan fuertes, como si le perforaran el oído. Para evitar transferencias negativas, para evitar las proyecciones, o verse afectado por los gritos de otros, como coordinadores debemos estar lo más limpios posible de nuestros propios tormentos.

Así, en limpio, podemos intentar mirar la rabia, el descontento, la crítica, sin calificarla de negativa; debemos poner el acento en el darse cuenta de la persona, permitir lo que esté sucediendo, apoyar, sostener o contener, pero siempre ayudando a tomar conciencia de lo que le está sucediendo en ese instante. Debemos ayudar a la persona a tener un darse cuenta desde la totalidad de lo que le está sucediendo, desde la totalidad de ella misma y del entorno.

18. Transferencia y contratransferencia

El terapeuta debe aprender a manejar las transferencias diferenciándose de sí mismo y, ya sean positivas o negativas, no enganchar, cuidando la contratransferencia. Ambas son situaciones inconscientes, que siempre están presentes en la terapia y se pueden utilizar de diversas maneras: como favoreciendo la alianza terapéutica, o facilitando mayor empatía y la disolución de resistencias por parte del paciente. Así también, la contratransferencia se puede utilizar mostrándose, exponiéndose o bien callándose, y elaborándola internamente, si es necesario, sin que interfiera en el proceso del otro. Debemos recordar que todos los miembros de un grupo proyectan los aspectos propios que rechazan, y sólo elaborando esas proyecciones, el terapeuta puede superar las fantasías distorsionadas y centrarse en los aspectos más adaptativos de la persona.

Adriana Schnake, en su trabajo "Transferencia y Contratransferencia en terapia gestáltica" (1981)[5], hace referencia a que en el enfoque gestáltico se estima que el paciente puede proyectar en el terapeuta aspectos sanos y enfermos de su personalidad y que esto es lo que determina las características de la relación transferencial. En terapia gestáltica se facilita el manejo de la transferencia que pone el acento y favorece la responsabilidad del paciente en la cura. Ella, en su trabajo, ejemplifica las técnicas que facilitan el uso de la situación transferencial: observación gestual, "continuo de conciencia", alianza con la parte sana del paciente, trabajo en el aquí y ahora, trabajo con la proyección, pasaje del apoyo ambiental al autoapoyo. Y nos dice:

> "(...) desde un enfoque gestáltico, resulta claro que no es posible confundir el fenómeno de la transferencia con la neurosis de transferencia, creada por el psicoanálisis. El fenómeno de la

---

[5] En revista *Acta psiquiátrica psicológica*. Amér. Lat. 1981, 27, pp. 304-310.

transferencia es universal, y está presente en toda relación humana. Lo que transfiere no son solamente las experiencias o emociones infantiles, sino que el paciente puede proyectar en el terapeuta aspectos sanos y enfermos de su personalidad y esto determina las características de la relación transferencial".

Capítulo IV

Trabajos grupales

En este capítulo, se presentan algunos casos de ejercicios realizados en grupos, pensados para desarrollar tal o cual habilidad en los participantes, y también se presentan ejemplos de dinámicas de grupo. Estas últimas se refieren a los ejercicios que se deben realizar, para mejorar las relaciones de los participantes o mejorar el ambiente del grupo, en general. Debemos recordar que en los grupos todo se acentúa (lo bueno y lo malo), y esto conlleva, muchas veces, ciertas dificultades entre los participantes. Por ello, el coordinador de grupo debe estar siempre atento a la dinámica que surge del propio grupo y de las situaciones que se van dando, imprevistos que van surgiendo, los cuales no podemos prever, pero sí se puede aprender de ellos.

Es aquí, en estas situaciones cuando se demuestra el dominio del coordinador de grupo, pues de él depende un buen resultado y, por consiguiente, el logro de sus objetivos terapéuticos. Para ello, el coordinador creará o adaptará ejercicios, los cuales serán diseñados especialmente para esa situación y, por lo tanto, dependen de la creatividad del coordinador y también de su prestancia para enfrentar la situación y hacerse cargo de la misma. Estos ejercicios siempre dependen de cómo esté el grupo en el aquí y ahora grupal. Se deben crear o recrear en el momento, dependiendo de lo que esté ocurriendo, es decir, dependiendo de la dinámica que prime en ese momento. En este sentido, muchas veces, tiene sentido acentuar la situación que se está observando para ponerla en evidencia y así resolverla, para ello, es bueno exagerarla o extrapolarla; por ejemplo, dividiendo en dos grupos (los débiles, los fuertes, etc.) luego, cambiando de rol o, simplemente, volver a observar la nueva dinámica que se ha creado.

Cabe recalcar que, en el espacio terapéutico grupal, el rol del terapeuta varía, y en un momento, puede ser un poco como el director de una orquesta, quien propone y dispone las actividades, dirigiendo a su conjunto, o, en otras oportunidades, ser parte de la banda y participar como uno más de los ejercicios propuestos. Esto dependerá del tipo de ejercicio que se esté realizando y del objetivo terapéutico del mismo.

1. Discusión entre dos participantes

Surge un pequeño disturbio, pues dos miembros discuten entre ellos, su discusión va tomando volumen, y su actitud interfiere con el normal funcionamiento del grupo... El coordinador debe pedirles que se cambien de lugar, y que continúen con la discusión adquiriendo el discurso del otro, es decir, en roles cambiados. "Continúen con la discusión que están sosteniendo, pero cambien de rol: tú serás Mónica y ella será Ema". Obviamente, que al principio presentarán dificultad en tomar el rol del otro, pues están centrados en su propio discurso y no desean salir de él; es más probable que deseen ganarle al otro en su discurso, más allá de entenderse realmente. Esto lo puede señalar el coordinador de grupo, mostrarles sus propias dificultades, incentivándolos a continuar con el ejercicio. Al fin y al cabo, están ahí para aprender cómo es que se enganchan con el otro, y este es un excelente medio de mostrarle a cada uno lo que le sucede.

Hacer cambio de rol es una excelente forma de poner en manifiesto lo que sucede, en primer lugar, y luego, de darle una solución. Más adelante, cuando se haya solucionado el conflicto, el coordinador puede incorporar al resto del grupo y aprovechar esta situación para que todos los participantes aclaren temas pendientes entre ellos. Se puede realizar, entonces, el ejercicio de "me es obvio y me imagino"[6] y se les puede pedir que trabajen de a dos, con aquel con quien puedan tener algún tema pendiente (importante o no), se sienten frente a frente, y realicen el ejercicio. Alternadamente, van diciendo: "me es obvio... y me imagino de ti" (Siempre el **obvio** debe estar referido a sí mismo, las propias sensaciones, emociones, sentimientos; y **el imagino**, debe referirse a lo que pienso o creo del otro). Para finalizar, ¿de qué te das cuenta? *Feedback* del compañero y *feedback* del grupo. Este es un ejercicio muy sencillo, que permite limpiar las relaciones, pues permite preguntar libremente todo aquello que creemos del otro, sean prejuicios o ideas preconcebidas, que son difíciles de cambiar de otros modos, y en este ejercicio el cambio es más sencillo, pues da la posibilidad de que el otro responda sí o no, permitiendo quedar libres de creencias erróneas.

Ejemplo del ejercicio

Mónica: me es obvio que me siento molesta, me imagino que tú no deseas hablar conmigo y que ¿te caigo mal?

Ema: me es obvio que no me caes mal, me es obvio que somos del grupo y deseo aclarar las cosas contigo ¿me imagino que tú también?

Mónica: me es obvio que yo también deseo aclararlas ¿me imagino que estás molesta porque llegué tarde al grupo y metí ruido, al entrar?

Ema: me es obvio que me molestó tu atraso y tu interrupción y me doy cuenta que fui pesada contigo. Me es obvio que soy súper exigente con estas cosas. ¿Me imagino que quedaste sentida conmigo?

---

[6] Ejercicio de J. Stevens, *El Darse Cuenta*, Cuatro Vientos, 1976.

Mónica: me es obvio que me dolió lo que dijiste, me es obvio que no soy ni me siento irresponsable, ¿me imagino que sigues pensando que soy irresponsable?

Ema: me es obvio que no, me es obvio que te aprecio; que soy dura al decir las cosas y me es obvio que no quería tratarte de **irresponsable**… sólo quería llamar tu atención sobre la hora. ¿Me imagino que lo entiendes?

Mónica: me es obvio que lo entiendo, me es obvio que aún me duele y ¿me imagino que no te diste cuenta de que fuiste dura con ese tono burlón?

Ema: me es obvio que no me di cuenta de mi tono, me es obvio que no fue mi intención, me es obvio que sólo quería que no se volviera a repetir, ¿me imagino que me disculpas?

Mónica: me es obvio que te disculpo, me es obvio que, al decir todo esto me siento mucho mejor, ¿me imagino que tú también?

Ema: me es obvio que me siento bien yo también, ¿me imagino que no quedas mal y con rencor?

Mónica: me es obvio que lo he aclarado, me es obvio que no tengo rencor, que siento mucho aprecio por ti… gracias.

Ema: gracias a ti, también.

2. Exigencias de los participantes

A veces, pueden aparecer ciertas exigencias, avaladas por algunos de los miembros del grupo, que interfieren con la conducción de éste o con la continuidad del mismo. Para trabajar con estas exigencias y limpiar el entorno grupal, lo más recomendable es evidenciar la situación que está ocurriendo y hacerlos que ellos mismos tomen conciencia y se responsabilicen en el asunto.

Para esto, por ejemplo, podemos dividir el grupo en dos, en una especie de juego, donde se acentúa y pone en evidencia lo que sucede… en este caso, la exigencia. A un lado, estarán los participantes más relajados, a los que todo les da lo mismo, que no se incomodan por nada, aquellos que pueden dejar pasar las situaciones conflictivas; y, al otro lado, estarán los que se consideran exigentes, que desean que las cosas sean como "deben ser", que las cosas se deben mejorar, que les cuesta dejar pasar cualquier detalle, que son más críticos y más activos.

Posteriormente, se puede plantear una situación imaginaria, en la cual tendrán problemas difíciles que enfrentar y solucionar; se les otorgan problemas a resolver, exagerando las situaciones, polarizando. La idea es que los grupos establezcan una suerte de competencia entre sí e intenten mostrarse uno al otro, cuál es mejor: el grupo exigente o el relajado. El terapeuta observa cómo lo hacen para salir de la situación. Cómo resuelven entre ellos y cómo sale adelante cada uno de los grupos. También se les dará tiempo para que se observen mutuamente. Finalmente, esto se puede abordar como un trabajo de polaridades, desde donde, en ambos polos, rescataremos lo negativo y positivo de cada uno.

Para finalizar, se les pregunta: ¿qué sientes cuando estás en algo así? ¿Cómo te sientes? ¿De qué te das cuenta? ¿Qué haces tú? ¿Qué sucede con el otro? ¿Qué sucede con el grupo? ¿De qué te das cuenta? ¿Qué es lo positivo y negativo de cada uno de ellos? ¿Con qué te quedas?

3. Profundización en el darse cuenta

Existen diversos ejercicios, tanto grupales como individuales, para desarrollar el darse cuenta en los pacientes. Estos son fundamentales, pues profundizar esto, facilita la toma de conciencia de lo que pasa en el presente, y ayuda a conocer la experiencia interna, que, a su vez, es la fuente vital para comprenderse a sí mismos plenamente[7].

Ampliar el darse cuenta, permite desarrollar más plenamente las relaciones con el otro y ayuda a estar en la relación de un modo mucho más integro, más completo, con mayor conciencia y aceptación del sí mismo. Para lograr esto, se debe enseñar y entrenar el darse cuenta y cómo realizarlo:

- Aprendiendo a **vivir el presente** centrándose en el momento.
  - Utilizando en el lenguaje el tiempo presente y haciéndose cargo de lo que siento con frases sencillas como: "en este momento siento… pienso… deseo", enfrentando el significado del aquí y ahora, enfrentando a lo que hay.
  - No escapar de lo que hay. "Esto es lo que hay". Puedo aceptar esto que soy aquí y ahora. (Sin irme al pasado, justificando o buscando causas y explicaciones, sin huir o escapar, soñando con el futuro idealizado u otro). Estando en contacto con el presente, atendiendo la realidad actual.

Como dice Perls, el que vive el pasado huye del presente a través de quejas y buscando causas que justifican su actuar. Y el que vive en el futuro, huye del presente, idealizando el futuro y evitando el hoy.

> "(…) intenta, durante algunos minutos, hacer frases que empiecen con cosas de las que en este momento eres consciente. Empieza cada frase con la palabra 'ahora' o 'en este momento' o 'aquí y ahora'." (Perls, Hefferline y Goodman, 2002, p. 348).

---

7 Los ejercicios sobre el darse cuenta se encuentran en el libro *El Darse Cuenta* de J. Stevens, Cuatro Vientos, 1976.

- Aprendiendo a **re-entrenar los sentidos.**
  - Realizando un esfuerzo por desarrollar la percepción, para transformarla en algo activo.
  - Aprendiendo a desarrollar la sutil percepción de las sensaciones corporales y de la experiencia del movimiento ¿qué sensaciones se producen con éste?... ¿Cómo son? ¿Qué sucede con el movimiento? ¿Cómo me siento? ¿Qué siento? ¿Dónde lo siento? ¿Cómo es? ¿Cómo se manifiesta? ¿Tiene alguna forma? ¿Cómo lo visualizo?
  - Aprendiendo a diferenciar las sensaciones corporales con el contacto con la realidad, el afuera.
- Aprendiendo a desarrollar la **escucha interna,** y el silencio interior, sutil percepción de las sensaciones corporales, y contacto inequívoco con la realidad.
  - Escuchar los pensamientos (diálogo interno).
  - Escuchar el silencio.
  - Aprender a masticar y triturar los introyectos. Separar lo mío de lo que no lo es... Mayor autoconciencia, mayor sentido de sí mismo y lo que es del otro.
  - Responsabilizándose de ello.
  - La visualización - **visión interna**, más que imágenes que vienen, es "yo miro las imágenes", cambio de pasivo a activo y me responsabilizo.
  - Al visualizar a otro, experimento una carga emotiva...
  - Aprendiendo a pasar desde las sensaciones corporales a emociones.
- Aprender la habilidad para **reportar una experiencia.**
  - Primero, tomando conciencia de la experiencia ¿Cómo me siento? ¿Qué siento? ¿Dónde lo siento? ¿Cómo es? ¿Cómo se manifiesta? ¿Tiene alguna forma? ¿Cómo lo visualizo?, etc.
  - Aprendiendo a verbalizar y relatar la experiencia plenamente.

Ejercicio "ahora me doy cuenta"[8] en grupo, de a dos

Este ejercicio se realiza en diversos momentos, en el transcurso del grupo terapéutico. Los pacientes deben aprender a ir centrándose en el momento, en su cuerpo, en sus sensaciones, en sus músculos, la tensión o relajo, la temperatura, el agrado… etc. Deberán aprender a educar y agudizar la escucha interna, haciendo un esfuerzo por darse cuenta, y desarrollando la capacidad de percibir sus propias sensaciones corporales. Aprenderán a verbalizar esta experiencia y distinguir, cada vez más profundamente, sus sensaciones y sentimientos, haciéndose cargo de ellas, responsabilizándose de sí mismos.

Comenzarán el ejercicio desde el cuerpo, prestando atención a las sensaciones corporales que aparecen. Luego de unos minutos, realizan lo mismo, prestando atención al exterior, como si fuesen ciegos que intentaran prestar atención en los sonidos, la luminosidad, la temperatura, etc. Cada uno irá diciendo lo mismo "ahora me doy cuenta de…" y finalmente, lo harán desde las ideas, siguiéndolas, dejándolas pasar como si se tratara de una película, e irán diciendo "ahora me doy cuenta".

Se distribuyen por la sala de a dos, haciendo de paciente y terapeuta, uno frente al otro: ***A*** = paciente (comienza relatando), y ***B*** = el terapeuta, que escucha.

A debe estar de ojos cerrados, lentamente irá recorriendo imaginariamente su cuerpo (de abajo hacia arriba), e irá diciendo por ejemplo: "ahora me doy cuenta de mis pies", "ahora me doy cuenta de que mis dedos están helados", "ahora me doy cuenta de que están inmóviles", "ahora siento mis tobillos", "ahora me doy cuenta de mis pantorrillas algo adoloridas", y así, sucesivamente, irá relatando, paso a paso, lo que siente de los pies a la cabeza. ***B*** sólo escucha y, cuando ***A*** haya finalizado, le dirá "ahora presta atención al afuera y continúa". Y así,

---

[8] Ejercicio de J. Stevens, en *El Darse Cuenta*, p. 21.

sucesivamente, primero prestando atención al adentro, luego al afuera y finalmente, al mundo de las ideas.

Luego, deben realizar el ejercicio alternando el afuera, el adentro y las ideas. Descubriendo cuál de las tres fases: cuerpo (lo interno), lo externo (el afuera), o las ideas, le ayuda a estar más relajado, cómodo y tranquilo al paciente. Pasando, de una a la otra, tomándose el tiempo hasta encontrar aquella que lo tranquiliza.

Comentario grupal

Los participantes del grupo relatan, uno a uno, cómo fue su experiencia. En general, es un *feedback* muy positivo y esclarecedor.

Mónica: Menciona que ella, normalmente es algo asustadiza y siempre piensa que se va a enfermar (es un poco hipocondriaca, como le dicen los demás), se sintió muchísimo más cómoda en el afuera, escuchó el sonido de la calle; y distinguir en él a los pájaros, la tranquilizaba. Sin embargo, cuando entraba en el cuerpo, sentía su corazón a mil y comenzaba a asustarse... igualmente, en las ideas.

Marcela: Manifiesta que, para ella, el cuerpo y sus sensaciones eran una maravilla, era como ir descubriendo nuevas sensaciones agradables, aunque, a veces, también sentía pequeñas molestias, pero siempre era algo tranquilizador. En cambio, en el mundo de las ideas se siente muy intranquila y la agota.

Julián: Cuenta que, para él, sus sensaciones corporales eran todo un descubrimiento, pues él siempre está en las ideas y habitualmente se desconecta mucho del cuerpo, casi como si no existiese, y en cambio, ahora, había logrado tener pequeñas sensaciones muy gratas...

Así, uno a uno, cada participante va relatando su experiencia. Y al darles el *feedback* a cada uno, es importante recordarles este estado en que aparentemente se encontraban más relajados, pues posteriormente, podrá ser un excelente ejercicio que practique la persona donde lo desee, en su habitación, en la oficina, y es seguro que encontrará un modo fácil y rápido, que lo ayudará a tranquilizarse.

4. Polaridades en grupo

El trabajo con polaridades en grupo es parte de la esencia del grupo mismo. Existen diversos modos de trabajar las polaridades y, antes de comenzar, es bueno recordar sobre ellas.

Las polaridades son dos aspectos de una misma realidad, son dos caras de una misma moneda. El ángulo en que nos situemos, determinará cuál veremos en ese momento dado. Sólo al observador superficial se le aparecen como opuestos, ya que si miramos con atención, veremos que ambas, juntas, forman una unidad. Es como una misma puerta que, por un lado tiene escrita la palabra entrada, y por el otro, salida. El mundo no es polar, es nuestra conciencia que nos lo presenta como polar, dividido. Al decir "yo", me separo de lo ajeno, "tú". Separamos lo interno y lo externo, lo femenino y lo masculino, el bien y el mal, la verdad y la mentira. Nuestro entendimiento desmenuza la realidad en pedazos (analiza) y diferencia entre éstos. La conciencia separa en parejas de contrarios y esto nos obliga a diferenciar, a decidir. (Dethlefsen y Dahlke, 2001).

Los opuestos no son excluyentes unos de otros, no son enemigos, como la noche no se opone al día, como el calor no se opone al frío. Se trata, entonces, de que no lo vivamos como opuestos excluyentes, sino que de forma flexible busquemos su centro, lo vivamos como una unidad de contrarios, y vivenciemos la totalidad. La interacción entre los opuestos funciona como un proceso dialéctico. Se distinguen, se diferencian, y cuando entran en interacción, surge una solución nueva, distinta a ambos. Una solución que es mucho más que la combinación de ambos, es el punto de contacto creativo, el punto cero, la nada, mitad, vacío o "El centro indiferenciado" como lo llamó Friedlaender (citado por Perls, 1975).

> "Friedlaender en su libro *Indiferencia creativa*, ofrece la teoría de que todo evento se relaciona con un punto cero a partir del cual se realiza la diferenciación en opuestos. Estos opuestos manifiestan, *en su concepto específico*, una gran afinidad entre sí." (Perls, 1975, p. 17).

Los opuestos están estrechamente unidos, relacionados, y no podemos ser conscientes de uno, sin el otro. La noche, el día. El calor, el frío. La oscuridad, la luz. Lo amargo, lo dulce. La existencia de uno, exige la presencia del otro. Así, cuando hablamos de claridad, es en relación a su opuesto, es una claridad relativa a la oscuridad. Están absolutamente arraigados en el funcionamiento del organismo, en el intercambio físico de energía, en la homeostasis. La sed nos lleva a buscar el agua, el calor a resguardarnos... En fin, pensar en opuestos y superar la dualidad, llegando al todo, es una cualidad esencial del organismo, que nos mantiene el equilibrio, la salud, la vida. Los opuestos permiten entender la realidad a través del "Proceso de Diferenciación": para que un fenómeno sea perceptible, tiene que distinguirse del otro, ser diferente.

La neurosis implica polarización y ésta significa que hay aspectos (capacidades o características) del organismo, que la persona va a permitirse usar y otros, que no.

Es cuando se ha creado en la persona un "yo idealizado" versus un "yo negado", a partir de características que la persona considera inadecuadas o no buenas, que tiende a negar y esconder. Sin embargo, es probable que, frente a nuevas necesidades que aparezcan, y que para su solución requieran de "esta capacidad rechazada", es probable que la persona intente nuevamente "negarlas", lo cual le impedirá satisfacer su necesidad y, por ello, tendrá, entonces, que manipular el entorno para tratar de obtener una solución de su necesidad, sin recurrir a sus propios recursos negados. Si esto se repite, sucesivamente el organismo irá perdiendo su capacidad de autorregulación, la cual le permite encontrar su propio equilibrio homeostático, y termina buscando apoyo externo o manipulando el entorno, para tratar de solucionar sus necesidades, en lugar de recurrir a sus propias capacidades (autoapoyo).

Al estar integrado, su mirada interior aprende a oscilar constantemente y puede adquirir la visión de conjunto, que le permitirá una solución nueva, distinta a ambos polos, más creativa y sana para la persona. En otras palabras, un proceso de expansión de la conciencia, para recuperar su capacidad de autorregulación organísmica, que le permita desarrollar nuevas soluciones y nuevos recursos para enfrentar las demandas de las propias necesidades y las del medio.

Existen muchos modos y ejercicios para trabajar las polaridades. Obviamente, primero debemos comenzar por conocer profundamente estas polaridades, en cada participante del grupo, y para ello, podemos empezar desde donde surja la figura.

Menciono algunas técnicas para explorar con polaridades:

- Explorando desde las sensaciones y vivencias, por ejemplo: ejercicio con música y ojos cerrados, que permite ir tomando conciencia de diferentes sensaciones corporales, como frío/calor, tensión/relajo, duro/blando, rígido/suelto, etc.
- Desde lo cognitivo. Por ejemplo: realizando preguntas que se pueden ir formulando sobre nuestros polos ¿hay algo que me caracteriza desde chico?, ¿tiendo a ser de un determinado modo?, ¿cuál es este modo?, ¿a mostrarme frente a otros de un determinado modo?, ¿cuál es el opuesto?, ¿cómo es uno, cómo es el otro?, ¿en qué momento se presenta uno y el otro?, lo positivo y negativo de cada uno, ¿para qué sirve uno y el otro?, ¿qué aporta uno y el otro?, etc.
- Desde lo proyectivo, existen muchos ejercicios para trabajar polaridades. Por ejemplo: el de las críticas o agresiones hacia los otros (ver Bitácora), la representación de objetos, de animales o personajes históricos o públicos, en la idealización de personajes, etc.
- Jugando con la polaridad, se realiza una presentación al centro, representando alternativamente cada una de las polaridades,

asumiendo el rol y mostrando en máxima plenitud cómo es la persona en cada una de esas facetas, y los demás participantes interactúan a través de preguntas con estos dos personajes presentados.

- Desde el trabajo de **silla caliente**, con las dos polaridades. **Polo *A*:** Describirse a sí mismo en uno de los polos, en primera persona, con los ojos cerrados y comenzando por **el polo menos habitual**. Describir cómo se siente, cómo es su relación con el mundo, la postura corporal, la apariencia física, forma de ser y ver el mundo desde ahí, en qué momento o situaciones de la vida cotidiana aparece más, etc. Desde ese polo, decir cómo ve al otro y qué sientes por él, cómo le cae... decir algo en relación a lo que siente por el otro polo. **Cambio de silla:** se describe *B* (similar a la presentación anterior, pero ahora está en el modo más habitual, aquel que le es más fácil, pues conoce más) se describe y también le dice qué siente por el otro. El otro es así... en cambio yo soy... Dialogan... Se diferencian.

  Se debe permitir que el paciente transite del uno al otro las veces necesarias, y observar (mirada fenomenológica, sin interpretaciones) ayudando a que el discurso sea lo más completo posible, lo emocional, lo corporal, las palabras, tono, con lo que siente etc... es aquí donde surge el conflicto, la pelea o negación de un polo con el otro. Es probable que la persona reniegue de uno de estos polos. Es bueno facilitar el diálogo entre ambos, y si es necesario, ponerse en el lugar de uno de los polos; primero, para diferenciarlos y luego, para facilitar el diálogo. Hay que buscar facilitarle al paciente **ver lo positivo de cada uno de los polos**... si es necesario, preguntar ¿qué sería de la persona si sólo existiera uno de los dos? ¿Cómo sería él si el otro no existiese? ...en fin, ¿qué le aporta el otro lado? No eliminar una polaridad, por más peleado que se esté con ella; si ocurre, preguntarle qué sería de ti como persona, como totalidad, si solamente existiese una y no la otra... buscar cuándo y cómo me es necesaria la otra polaridad y no excluirla.

Tampoco forzar la reconciliación, a veces basta con que se conozcan y permitan la coexistencia..
A veces, para finalizar, basta con reconocer al otro, su presencia, su modo. Otras, se da el aceptarlo y valorarlo, reconociendo los momentos importantes en la vida de la persona, donde este polo ha estado presente y ha sido importante. Muchas veces, la integración es espontánea y natural.

Ejercicio de exploración de polaridades

Todos deben estar de pie, música de fondo, suave. Tono de voz del terapeuta, tranquilo y relajado, y va relatando con lentitud, dando el tiempo necesario para que se conecten bien con su cuerpo.

"Comenzaremos por recorrer nuestro cuerpo con los ojos cerrados, desde los pies a la cabeza, visualizándolo: estos son mis pies, mis pantorrillas, mis rodillas... (subir lentamente, dando el tiempo de conectarse con el cuerpo), explorándolo, buscando sensaciones opuestas; lentamente, desde el lado izquierdo hacia el derecho. Izquierda/derecha; arriba/abajo; tronco/extremidades; deteniéndonos y buscando sensaciones opuestas: frío/calor; dolor/placer; tensión/relajo; fuerza/soltura; movimiento/quietud; etc. Lentamente, exploro mi cuerpo en búsqueda de esas sensaciones, libremente, a mi ritmo.

Me permito hacer una detención en cada sensación, en una primero, con calma, y a continuación en otra; continúo explorando cómo es, cómo se manifiesta esa sensación en mí, dónde la siento, cómo la siento, qué características tiene, en qué momentos aparece en mi vida, en qué se diferencia con su opuesto, para qué me ha servido, o cuándo me ha sido útil tenerla, etc.

Una vez que hayan encontrado estas sensaciones opuestas, una polaridad, o al menos la sensación que les parezca la más importante, en este momento, permítanse sentirla o sentirlo... ¿Cómo es uno? ¿Cómo es el otro? ¿Cómo son estas sensaciones opuestas?

Ahora, imaginen a dos personajes que están detrás de ustedes, a su espalda; dos personajes que representan estas sensaciones. Cada uno representa una sensación o polo. Estos personajes se irán haciendo cada vez más claros, y pasarán al frente de ustedes, de modo que podamos ver claramente quiénes son y cómo son... Obsérvenlos, a cada uno... cada detalle.

Establezcan un diálogo ficticio entre ambos... ¿Qué dice uno? ¿Y qué responde el otro?... sigan... y permítanles conversar todo lo necesario... en voz baja, en la mente.

Ahora, ustedes, con su cuerpo, van a realizar una escultura de uno, y luego del otro... ambas esculturas... (Cambio de música a algo más activo) hagan una y otra escultura... todas las veces que sean necesarias, y pasen de una a la otra, con la música."

Para finalizar, buscaremos unir o integrar a ambas esculturas, por medio del baile, pasando de una a la otra, buscando integrarlas por medio del baile... ambos aspectos son míos... Me permito transitar entre ambos, tanto como quiera, o tal vez, quiero hacer una tercera escultura, que una a las anteriores y que me represente a mí, con ambas...

Fin.

Conectarse con el aquí y ahora, abrir los ojos y compartir la experiencia.

Comentarios y trabajo grupal: Cada integrante comenta cómo fue para él este ejercicio, se pone de pie, al centro, mostrando al grupo sus esculturas, relata el diálogo que sostuvieron, y cuenta si estas polaridades, que han aparecido en este momento, tienen que ver con sí mismo. Finalmente, explica de qué se ha dado cuenta.

A continuación, otro ejemplo con un taller completo, realizado con adolescentes, en un grupo terapéutico[9].

---

[9] Este ejercicio se encuentra grabado en video. Podemos encontrarlo en la biblioteca del Centro de Psicoterapia Gestalt de Santiago.

Taller de polaridades: "El Ángel y el Demonio"

Primera parte: *Nuestro Demonio*

(Utilizamos música "demoníaca", estridente, tenebrosa o fúnebre).

Cierren los ojos. Buscaremos en lo más profundo de nuestro ser. Buscaremos en esa parte nuestra que me conecta con la rabia, el enojo, la ira, la agresividad, buscaremos internamente a esa parte que puede ser mala... busquen hasta encontrarla, sacarla y darle forma... busquen ese demonio que, a veces, habita en nosotros y permítanse ser y sentirse así un instante. Permítanse ser ese demonio... busquen, si es que aún está escondido, ese demonio que puede sentir rabia, ese que puede disfrutar con la ironía, que se burla de otros, que alguna vez ha estado presente, en algún momento de la vida... permítanse encontrarlo y, cuando lo tengan, pueden exagerarlo y caracterizarlo... ahora observémoslo:

- ¿Cómo es el demonio?
- ¿Qué representa?
- ¿Qué características tiene?
- ¿Cómo es su cuerpo?
- ¿Cómo se ve?
- ¿Qué hace?
- ¿Cómo se relaciona con los otros los humanos...?
- ¿Cuáles son sus cualidades o defectos?
- ¿Cuán malo puede ser?

(Ponemos la música más fuerte).

"Ahora, pónganse de pie, manteniendo los ojos cerrados. Con el cuerpo vamos a tomar la forma de ese demonio y lentamente, se van a imaginar que se convierten en él.

"Soy un demonio... me permito serlo. Y esta es la danza del demonio. Lo represento con mi cuerpo. Me muevo y puedo expresarme con sonidos, sin palabras y sin tocar a los otros" (subimos más aún el volumen de la música). Y danzo hasta que la música se detenga".

(Lentamente vamos subiendo el volumen de la música. Esta es la danza de los demonios).

"Ahora, abran los ojos, somos los demonios, los vamos a representar sin hablar, sólo con sonidos. Intenten disfrutar de su demonio. Traten de ser el demonio mismo y disfrutar de su maldad. Muévanse y exploren posiciones y situaciones, desplácense por la sala, sin tocar a los otros".

Encuentro de Demonios

Al principio, ponemos una música (demoníaca) suave, y de a poco, vamos subiendo el volumen.

"Nuestros demonios se van a encontrar en una convención de demonios y, sin hablar, sólo dramatizando y emitiendo sonidos, nos vamos a encontrar unos con otros, y mostraremos lo endemoniados que podemos ser. Exagérenlo, si es necesario. Permítanse conocerse unos a otros.

"Pueden caminar y desplazarse por la sala, pero no tocarse ni agredirse. Sólo asustarse con sonidos.

(Les damos tiempo para que se conozcan unos a otros).

"Poco a poco, se despiden y se quedan en su sitio con los ojos cerrados. Hagan con su cuerpo una escultura de su demonio. Manténganla un rato y luego vuelvan a ser ustedes y abran los ojos".

***Feedback* grupal**: Cada participante da cuenta de cómo se sintió en ese rol, qué sensaciones y emociones experimentó y con qué se conectó.

Segunda parte: *Nuestro Ángel*

Comenzar con un poco de relajación; para ello, utilizamos música de meditaciones.

"Cierren los ojos... comenzaremos explorando nuestro propio Ángel: busquemos en lo más profundo de nuestro ser esa parte nuestra, bondadosa, esa parte que puede ser pura, ingenua, esa parte nuestra que representa lo más bueno en cada uno de nosotros; busquemos en nuestro corazón o tal vez en nuestra alma... busquemos a nuestro ángel. Permítanse encontrarlo, hablarle, sacarlo fuera y darle forma... ese que, por sobre todo, es inocente, crédulo, bueno, y que se siente bien en la bondad... ese ángel escondido, que disfruta, que goza con los demás... que alguna vez ha estado presente, en algún momento de la vida nos ha llenado... permítanse encontrarlo y, cuando lo tengan presente, permítanse sentirse él y caracterizarlo.

Cuando lo tengamos presente, vamos a observarlo:

- ¿Cómo es él?
- ¿Qué características tiene?
- ¿Cómo es su cuerpo?
- ¿Cómo se ve?
- ¿Qué hace?
- ¿Cómo se relaciona con los otros los humanos?
- ¿Cuáles son sus cualidades?
- ¿Cuán bueno y bondadoso puede ser?

(La música ahora es muy suave).

"Ahora, pónganse de pie y mantengan los ojos cerrados. Con el cuerpo, vayan tomando la forma de este ángel y lentamente conviértanse en él, represéntenlo con todo el cuerpo, intentando sentir como él y permítanse disfrutarlo, saborearlo, gozarlo.

"Soy un ángel... me permito ser el ángel que hay dentro de mí. Lo represento, con mi cuerpo, puedo ser el ángel. Me muevo, y puedo expresarme con sonidos, sin palabras y sin tocar a los otros".

(Se sube el volumen de la música).

"Bailen, es la danza del ángel... Ahora háganlo con los ojos abiertos. Sean el ángel, represéntenlo. Sin hablar. Sólo sonidos. Intenten disfrutar su ángel. Intenten ser el ángel mismo y disfrutar de su bondad. Muévanse por el espacio de la sala y exploren posiciones y bailen".

Encuentro de Ángeles en el cielo
(Utilizamos música de meditaciones).

"Nuestros ángeles se van a encontrar en una convención en el cielo, y sin hablar, sólo dramatizando y emitiendo sonidos, nos vamos a encontrar unos con otros, y conocer unos a otros, podemos caminar y desplazarnos por la sala. Con los ojos abiertos.
(Les damos tiempo para que se conozcan unos a otros).

"Poco a poco, se despiden y se quedan en su sitio con los ojos cerrados. Hagan con su cuerpo una escultura de su demonio. Manténganla un rato y, luego, vuelvan a ser ustedes y abran los ojos".
***Feedback* grupal**: Cada participante da cuenta de cómo se sintió en ese rol, que sensaciones y emociones experimentó y con qué se conectó.

Tercera parte y final: Danza de la Integración
Utilizamos música de meditaciones.

"Cierren los ojos. Déjense llevar por la música, e irán representando una y otra vez al ángel y el demonio; primero uno, luego el otro. Tomando conciencia de cómo es el transitar de uno al otro, tomando conciencia de que ambos habitan en ustedes... y continúen bailando con ellos, con el fin de encontrar el baile de la integración. Deben estar conscientes de que ambos son aspectos suyos, y que ustedes los pueden contener e integrar a ambos. Bailen este baile de la integración y, cuando lo hayan logrado, abran los ojos y continúen bailando con sus compañeros".

***Feedback* grupal**: Cada participante da cuenta de cómo se sintió en ese rol, qué sensaciones y emociones experimentó, con qué se conectó y, finalmente, cómo fue para él esta integración, si siente que se ha dado espontáneamente en él, o si siente que aún debe seguir trabajando en ello.

5. Roles en grupo

Estos últimos años, con la intención de hacer el trabajo con roles de la forma más real posible, he preferido ocupar el horario de almuerzo para realizarlo (aproximadamente 2 horas), porque así, todos los miembros del grupo salimos a la calle, disfrazados de nuestro personaje, y caminamos juntos hacia algún restaurante cercano, para almorzar. Es una experiencia completamente diferente. Tenemos sólo una consigna, no decir ni al mozo ni a nadie lo que estamos haciendo, pues esto le da aún más realismo, y podemos ver cómo se comporta la gente con nosotros.

Ya en el trayecto, los participantes se meten muchísimo en el rol de cada uno. Siempre hay unos más divertidos que otros; hippies caminando descalzos, el conquistador tirando piropos a las muchachas que caminan por la calle, la excéntrica, la volada, el miedoso, el "flaite" tocando cumbias, en fin, todos con unas pintas increíbles. Por supuesto, llevamos máquina fotográfica, pues será inolvidable.

En una oportunidad reciente, dos jóvenes iban en la suya, permitiéndose todo lo que deseaban y sin importarles el qué dirán, de modo tal, que se subían a las palmeras y daban vueltas de carnero en el pasto del bandejón central de la calle... eran un espectáculo... los autos se detenían, la gente miraba. Otros, más tímidos, se mimetizaban en el grupo. En esta oportunidad, después de haber hecho tantos roles en los grupos, yo iba de ancianita (estaba preparándome pues nacería mi primer nieto), por lo que sólo podía caminar muy lento y, a pesar del gran calor, estaba muy abrigada, en todo momento... curiosamente, los autos se detenían y me daban el paso, respetando la lentitud de mi marcha. El que hacía de miedoso, lo hacía tan bien, que todos lo cuidaban y le ayudaban a cruzar la calle, y aunque yo caminaba lento, igual lo dejaba atrás; sus miedos eran tantos, que a cada rato se paralizaba, sudaba de tanto miedo, el pobre ¿o acaso de llevar los músculos tan apretados?... no lo sé, pero realmente sudaba.

Posteriormente, en el restaurante, nos sentamos, ocupando una gran mesa en la calle. Los personajes eran: la hippie, el niño chico, el libre y espontáneo, el "flaite" (ordinario), el conquistador, el médico intelectual, la viejecita, el miedoso y la "florerito"... el que más destacaba era el "flaite", que ponía sus cumbias muy fuertes; se pidió para sí mismo una chorrillana y no paró de "echar tallas". Comía de un modo grosero, con la boca abierta, y echando eructos (que, posteriormente, una vez finalizado el rol, nos mostró que llevaba grabados en su celular); increíblemente, su rol fue muy divertido y su risa estruendosa nos contagiaba a todos... incluso a mí, que en rol de viejecita, sólo le decía: "m'hijito, tápese la boquita cuando tenga chanchitos".

La verdad es que son experiencias inolvidables; realmente, los participantes se compenetran mucho y se siente realmente como los personajes que son; también pueden experimentar cómo les va con la gente: en el restaurante, con el mozo, en un pequeño kiosco, comprando fruta, en la bencinera, en la calle; todos experimentan por sí mismos cómo son recibidos en ese rol, por otros. Desde el tiempo que llevo haciéndolo, sólo en muy pocas ocasiones, algunas personas han preguntado si esto es algo especial, un juego o algo así; la mayoría de los mozos, aunque le cuesta atendernos, siempre se las arreglan, acercándose al que parece más sensato y cuerdo. Y, en muchísimas ocasiones, da para pensar que sólo creyeron que éramos algo raro o excéntricos. Igualmente sucede con la gente que pasa por la calle, pues almorzamos en el exterior; por ejemplo, las muchachas responden amablemente a los piropos del seductor, y jamás alguien se ha molestado con nosotros.

Claramente, al realizar los roles de este modo, el objetivo se cumple, y los participantes logran conectarse con el rol que se les ha asignado y, lo más importante, es que logran disfrutarlo, sacarle partido y ganancia. Dándose cuenta de qué le aporta este rol y qué es lo que permanentemente están negándose o no permitiéndose, en su rol habitual, generalmente tan opuesto a éste. Es curioso cómo, luego de actuar un rol que rechazan, suelen aburrirse cuando, vuelven a un rol más parecido a ellos mismos y, generalmente, terminan cansados de este segundo rol, que debería serles más cómodo, pues se asemeja a lo que son, en la realidad.

El cansancio de actuar este segundo rol, muestra el esfuerzo que se debe hacer constantemente para mantener el rol habitual, pues se ha ido desarrollando la personalidad, idealizando aspectos que, muchas veces, se hacen difíciles de mantener, aspectos que se deben mantener y que, sobre todo, rigidizan la personalidad, obligándolos a actuar siempre igual.

Con este ejercicio, se logra comprender y vivenciar emociones, actitudes, modos y formas de actuar, que se están desechando, junto con la característica rechazada. Así como también, se puede apreciar cuán agradable podría llegar a ser tener algo de este rol no utilizado.

Este es un modo entretenido de reconciliar nuestros polos y de integrase como persona y, sobre todo, es un excelente modo de modificar realmente nuestra estructura, nuestra personalidad.

Los roles que más frecuentemente hacemos, son sobre lo más rechazado y su opuesto, roles de la familia: padre o madre del mismo sexo, abuelos paternos y maternos, hijos. O bien de la persona con quien estamos en conflicto en un momento dado, y también roles que ayuden a integrar la polaridad de la persona.

6. Venta de defectos

Este ejercicio complementa muy bien el trabajo de polaridades, pues permite asumir positivamente características "socialmente rechazadas".

Es un modo entretenido y dinámico de ir buscando todo lo positivo de cualquier característica y, sobre todo, de aquellas sobre las que normalmente existen mucho prejuicios, como por ejemplo: el ser agresivo, el miedo, el ser ostentoso o egoísta, etc. Debemos tener en cuenta que siempre, en alguna determinada ocasión; por ejemplo, en roles, o en una silla caliente, el paciente puede tener dificultad en encontrar lo positivo de estas características, y sirve que, como terapeutas, las tengamos claras, para mencionarlas en el momento oportuno. De más está decir que, en lo personal, siempre es bueno poder conocer a fondo todas las características rechazadas de nosotros mismos, pues, al fin y al cabo, es el modo de comenzar a acercarse a la propia integración.

Para realizarlo, cada participante, en forma individual, anota en una hoja aquellas características que más le "cargan" de sí mismo. Luego, escoge la que piensa que representa mayores dificultades, en sus relaciones interpersonales.

Una vez que todos ya tienen su defecto, deberá salir de la sala uno de los participantes y volver a ingresar, para comenzar a vender esta característica a sus compañeros. Se debe vender lo mejor posible el producto, para que sea deseado y comprado por los otros participantes. Para ello, es mejor no decir de qué característica se trata, hasta el final, cuando ya lo ha vendido a muchos, y lo ha repartido en gramos o kilos. Una vez que la persona compra un defecto (recordemos que no sabe lo que ha comprado, porque no se ha dicho su nombre), debe decir en qué lo empleará y para qué piensa que le puede servir el comprar "esto". No importa que se repitan los defectos, porque cada uno le da un sentido diferente a lo que vende.

Algunos ejemplos:

Victoria: "Les vengo a vender algo que les será muy útil y que podrán usar en muchas ocasiones. Les ayudará a tomar decisiones, a no ser impulsivos. Sirve para tomar decisiones, porque ayuda a tomar distancia de las situaciones y evaluarlas mejor. Las analizas, las miras desde otras perspectivas, así no se arrepentirán de la decisión tomada. Esto también les hará ser más precavidos y cautelosos siempre, y tendrán menos posibilidades de error. Así, las cosas resultan mejor. Es algo que te protege y que te ayuda a cuidarte a ti mismo. Es algo que te ayuda a respetar al otro, respetarlo en su espacio, en su tiempo, en su entorno, porque te ayuda a tomar distancia y así puedes ver mejor al otro. Es algo que te hace sentir un tiempo distinto, diferente, más pausado, esto que te vendo te permite tomarte el tiempo para todo, sientes como que el tiempo es tuyo y lo puedes usar a tu disposición. ¿Qué les parece? ¿Quién desea comprarlo? ¿Cuántos gramos desean?... vendo… el miedo".

Daniel: "Esto te hace vibrar de la cabeza a los pies, te sientes lleno de vida, removido, mientras está presente, tienes conciencia de todo lo que te rodea y más... En ocasiones te ríes, sin saber por qué; en otras, entras en un silencio que te contacta con tu humanidad. De hecho, sirve para disminuir los niveles de soberbia en un instante; no hay tratamiento que enfrente con tanta eficiencia a la soberbia. Si eres mujer, no necesitarás más colorete, este producto te otorga un rubor natural, que viene desde dentro, disminuyendo la aplicación de químicos en tu cara. Este producto te ayuda a ser precavido, y a grabar a fuego momentos en tu memoria, que, después de un tiempo, pueden ser un buen motivo para sonreír... Llame ya… vendo la vergüenza".

Mireya: "Este producto te permitirá conocer a las personas, te ayudará a analizar y evaluar mejor las situaciones y conocer a las personas con mayor objetividad. Te convertirás en un observador externo y podrás saber los pros y los contras de cada cosa, antes de involucrarte. No sufrirás más, se acabaron los llantos y las penas innecesarias, te sentirás siempre bien y contento contigo mismo, racionalizarás y pensarás mejor las cosas... Conocerás a las personas, sin tener que involucrarte emocionalmente con ellas; por lo tanto, no sufrirás si esa persona se aleja o no quiera nada contigo; simplemente, te darás la media vuelta y continuarás tu camino. ¡¡¡Tu cuerpo no revelará lo que estás sintiendo!!! No te pondrás roja/o, no te comerás las uñas, no moverás tus pies en exceso, cuando estés frente a una situación estresante. Si tienes algún problema con un familiar, pareja, amigo, etc., podrás continuar tus tareas sin ningún problema y, mejor aun, nadie te preguntará ¿te pasa algo? ¿Quién quiere un poco? ...vendo ...la frialdad".

Yael: "Este producto es de lo más eficaz del mundo, pues logra resultados inmediatamente (de variado tipo), desgasta poco, pues no se debe pensar más de la cuenta, nos libera de energía negativa o molesta de manera rápida, concreta rápidamente. Además, siempre es exclusivo para cada situación, no hay una igual a otra situación. Siempre te ayuda a decir la verdad sin tapujos, es fantástico, ayuda a ser honesto, verdadero, sincero, y un producto muy eficiente, pues permite expresarse oportunamente, sin sentir culpas por ello. ¡Directamente les digo que compren, ya, el ser muy directo!".

Julián: Hoy les vendo un producto muy útil y práctico —¡después de usarlo una vez no van a querer carecer de ello! ¡Les permite saber, con seguridad, qué es bueno y qué es malo, qué es lo correcto y qué es lo incorrecto! ¿Quién no desea eso? Además, usando este producto, no pueden ser decepcionados, les hace encontrar trampas y mentiras, les hace estar preparados, prácticamente, para todas las situaciones que pueden ocurrir; casi nada les va a sorprender. Les da la posibilidad de no dejarse convencer a la primera vista, les protege de tomar decisiones apuradas, les hace ir más allá y ver las cosas en profundidad. En fin, el producto genera procesos reflexivos, y además les hace hacer su mejor esfuerzo a todos y a ustedes mismos. Después de aplicarlo, van a tener una opinión propia y con un fundamento muy sólido. ¿Quién puede vivir sin todo eso? Compren ahora su kilito de... ser extremadamente críticos".

Ema: "Ha llegado el producto más esperado, aquel que usted buscaba hace tanto tiempo y ya no sabía dónde encontrar... aquel que lo va a transformar en una persona capaz de preocuparse de sí mismo, quererse, valorarse, estar atento a sus propias necesidades y no postergar siempre lo que quiere, por los demás, sino que hacer valer sus ganas, sus intenciones, preocuparse por usted. Este producto, con su aplicación, hará que se llene de amor por usted mismo, que se cuide, se ame y, así, amándose mucho, también pueda amar a los demás... lo ideal para combatir aquellas ocasiones en que deja de lado sus deseos para que otros cumplan los suyos... compre inmediatamente, ¡¡¡ya se está agotando!!! ¡¡¡Lleve ya!!! 'El Egocentrismo' ¡¡¡y verá cómo luchará por lo suyo con mucho poder!!!"

Domingo: "El nuevo producto que quiero venderles es realmente necesario para todos y todas, permite mantenerte atento a todo, planear bien tus pasos y tus movimientos, disminuir las posibilidades de que hagan daño y analizar todas las posibilidades antes de tomar una decisión, aunque sea pequeña o de gran importancia para ustedes; también, en ocasiones cuando hay muchas personas, es como que te deja 'invisible' frente a todos; en el plano personal, te hará sentir siempre un motor que lleva a mejorar constantemente, a leer, a formarte, a creer en el trabajo constante y serio, sin creerte más de lo que eres, lo que muchas personas verán como humildad de tu parte y, además, te hará hacer cada cosa que emprendas con responsabilidad. El producto que vendo es la **inseguridad".**

Comentario grupal: Finalmente cada participante dice qué es lo que ha comprado, y para qué cree que le sirve. Describen la característica y qué es lo bueno que esto podrá traerle en su vida. Todos manifiestan haberse divertido muchísimo y les parece increíble esto de encontrar cosas positivas en algo que creyeron tan malo. Este es un ejercicio del cual salen muy contentos, sirve muchísimo para conectarse con la característica que el paciente durante años ha considerado negativa y que rechaza en su vida. Por ello, suele proyectar o idealizar el opuesto en otros. Me refiero a que aquel que vende el miedo, como por ejemplo Daniel, lo rechaza profundamente; pero también, cuando se le pide mencionar lo que más le molesta en otros, "son esas personas "achoradas" y creídas" nos dice él (ver Bitácora, cap. II) donde podemos observar que Daniel detesta a la persona creída y que se atreve, pero, al mismo tiempo, le molesta ser miedoso él mismo. No ha logrado resolver internamente su pelea con el miedo y, por tanto, necesita seguir trabajando en su polaridad miedo/atrevimiento.

7. Un viaje a través de nuestro cuerpo

Esta es una hermosa fantasía guiada, que solemos utilizar cuando el paciente (uno o varios del grupo) se encuentra aquejado de alguna enfermedad. Tiene por objetivo conectarse y conocer el organismo[10].

Ponemos música suave, y les pedimos a los participantes que se mantengan de pie, sin acostarse.

"Cierro los ojos y mis párpados son como el telón de un gran escenario, al bajarse me separan del teatro que me rodea. El afuera se aleja y, casi imperceptiblemente, entro en mi cuerpo.

Entro directamente en mi cabeza. Me doy cuenta de que puedo ver dentro de mí, con los ojos cerrados. Mi cerebro es blando, vulnerable, delicado, y entiendo que esté protegido por fuertes huesos, que se unen, sin dejar espacio entre ellos. Desde mi cerebro, veo, escucho y percibo los olores del ambiente. Muevo mis manos, y con ellas toco mi cabeza, toco mi piel y me doy cuenta que ella, mi piel, me trasmite otras sensaciones del ambiente.

[10] Fantasía creada por Adriana Schnake.

Al extender mis manos, encuentro otras manos y cuerpos, apenas los toco, no estoy solo. Muevo mis piernas, muevo mis brazos y me desplazo suavemente. Siento la firmeza y dureza de mis huesos. La fantástica coordinación de mis músculos. Y ahora, me quedo nuevamente en mi lugar, no estático, pero sin desplazarme. El aire entra en mí y expande mis pulmones, los veo blandos, esponjosos, casi etéreos, dejándose llenar por el aire que entra por mi nariz. Ellos se distienden pasivamente, mis músculos del tórax y el diafragma le hacen un espacio, y después los comprimen, para que dejen salir el aire que ya se usó. Mis pulmones se dejan hacer, dulce y pasivamente. La sangre llega a ellos, los alimenta y también va a airearse a ese espacio, donde el mundo que me rodea entra en mí. A ese espacio, donde el aliento de todos, confundido y mezclado, entra en mí. Siento este aire que entra y sale rítmicamente y ese ritmo me conecta con otro, más profundo y dentro de mí: mi corazón. Siento sus latidos pum... pum... pum... acompasados, veo y siento a esta pequeña bomba —como mi puño— latiendo ahí en mi pecho, y sé que fue lo primero que escucharon de mí, que ya latía cuando estaba dentro de mi madre... y esto me lleva a ese sitio, a ese útero que me contuvo, a esa bolsa de músculo que una vez conocí, que se agrandó para contenerme, que me alimentó y me dejó salir cuando ya no podía contenerme.

Si soy mujer, tengo en mí un útero como aquél. Si soy hombre, siento respeto y admiración por ese útero que me contuvo, ese pequeño músculo que puede contraerse como el corazón y, como él, sabe esperar, recibir, contener y entregar.

Mi corazón sigue latiendo, descansa y se llena de sangre, se contrae y la lanza fuera de él. Mis arterias se contraen y relajan, como mi corazón, elásticas y flexibles, llevan la sangre oxigenada a todas partes y, a su lado, y más cerca de la superficie, van mis venas, blandas, más pasivas y delicadas; llevan la sangre que ya se usó al corazón, y él la manda a los pulmones, y la recibe de vuelta, con más oxígeno y menos anhídrido carbónico. Es increíble cómo siento este circular de mi sangre.

Mi corazón entrega todo lo que recibe. Y mi sangre sigue circulando y va a mis riñones a limpiarse y a eliminar el exceso. Ellos la filtran, la depuran. Qué pequeños y trabajadores son mis riñones. Ellos saben lo que debe quedar y lo que debe salir. Saben decir *no*. Saben discriminar. Ahí están, pegados a mi columna.

Mi columna, esa verdadera cadena de pequeños huesos: mis vértebras que se unen entre sí, con pequeños cojines y ligamentos, para permitir el movimiento y sostener mi espalda. Mi columna protectora y sostenedora, que no sólo cuida a la médula espinal (que es como una prolongación de mi cerebro), sino que permite que salgan entre sus espacios, todos los nervios que van a inervar mis músculos esqueléticos. De arriba a abajo, ellos (los nervios), van desprendiéndose de la médula y llegan a todos lados. ¡Qué complejo recorrido el de ellos, para llevar y traer mensajes desde mi cerebro hasta mi piel! ¡Qué velocidad, qué sensibilidad! Ellos no se equivocan, ellos no cuestionan los mensajes, ni demoran la entrega. Son maravillosos mensajeros que pasan por tortuosos caminos. Van protegidos por una sustancia blanda que protege las fibras más delicadas. Cuando algo los aprieta o comprime, me avisan, registro un dolor, cambio de posición y me acomodo. Con ellos, estoy en permanente diálogo, ya que si los escucho, no me permiten demasiado tiempo en una misma posición, me transmiten la queja de los músculos que he mantenido forzados, exigiéndoles más que lo que naturalmente pueden.

Ahora me quedo quieto, en silencio, de pie y con los ojos cerrados, sintiendo este cuerpo que soy, aquí y ahora, detenido por fuera, dándome cuenta de todo lo que ocurre por dentro. De este corazón que late, esta sangre que circula, este cerebro que envía estos nervios, que mantienen mis músculos, mis huesos, mi columna... Y dejo entrar una hermosa música, que viene de afuera y penetra en mí. No quiero ni puedo detenerla, la música penetra y yo me desplazo al ritmo, me muevo, danzo, bailo suavemente y, a ratos, toco sutilmente otros cuerpos. Bailo y bailo... hasta que mi cuerpo se cansa y busco un sitio donde reposar. Me tiendo, descanso..."

(Se le reparte una mandarina a cada uno y se detiene la música).

"A mi derecha, entre mis manos, tengo un pequeño plato con algo fragante, redondo, pequeño. Continúo sintiendo, con los ojos cerrados. Toco y percibo lo que está entre mis manos, es una mandarina, toco su piel con mi cara, la acaricio, le siento el perfume y lentamente empiezo a sacar esa cáscara, hasta que, pedazo a pedazo, la saco entera. Ahora, la mandarina desnuda, está en mis manos. Empiezo a abrirla, a desgajarla con suavidad. Tomo un gajo y lo llevo a mis labios, siento, una vez más, su aroma; lo dejo entrar en mi boca, y lentamente lo aprieto, sintiendo el sabor del jugo. Trituro esa pulpa con mis dientes y trago este primer gajo de mi mandarina. Todo mi aparato digestivo está presente. Como, uno a uno, los gajos de mi mandarina.

Todo en mí, sabe que necesito lo que viene de afuera. Mi intestino sabe que esa deliciosa pulpa será eliminada. Sabe que no todo lo que viene de afuera viene para quedarse.

Mi Sistema Inmunológico me protege, y me avisa de lo que no puede entrar o me defiende de lo que entró y no debía; pero mi mandarina entró y aún siento el jugo. Siento mi boca blanda y poderosa, con sus dientes que pueden romper todo. El jugo y la pulpa macerada siguen hacia abajo. ¡Qué blando y delicado es mi esófago! Es como una tripa delgada, que se abre al paso de lo que trago. Tiene una puerta y llega al estómago. ¡Qué sorpresa mi estómago! Es de paredes gruesas, fuerte, poderoso. Una bolsa, no tan grande, que se agranda con el alimento. Tiene líquido, un poderoso ácido, que solamente él puede soportar, no sólo porque lo produce, sino también, porque sabe cómo neutralizarlo. Esto me parece increíble: algo tan agresivo, destructor y fuerte, como ese ácido, y que haya "algo" que lo "neutralice" o sea, le quita la fuerza de destrucción, sin impedirle que se siga produciendo.

Dicen que mi estómago no es tan importante, y que se habla de él más de lo necesario, porque está al centro de mi cuerpo. Cuando nací era importante, porque él avisaba cuando tenía hambre, porque él no soporta estar mucho tiempo vacío, y me alimentaban cuando él avisaba. Él termina de hacer muy bien lo que empezó en la boca, y deja los alimentos listos para que, el que sigue, le saque los nutrientes que necesito para vivir. Es un gran facilitador de todo el proceso que sigue.

...Y de nuevo otra puerta para que pase mi mandarina, con su pulpa absolutamente macerada. Entramos en mi Intestino Delgado ¡Qué flaco más trabajador! Sin embargo, se queja poco y no reclama, porque sabe que está bien hecho para lo que le toca hacer, y recibe importante ayuda. Aquí todo funciona en orden, se discrimina, se separa lo que debe ser absorbido de lo que no. La bilis y el jugo pancreático ayudan, y todo lo que yo no absorbo, lo mando para el que sigue; la mayoría son desechos, pero también mando el líquido. Yo, el Intestino Delgado, también soy de músculo liso, soy firme, elástico, flexible. Yo también tengo ese mecanismo, que me sorprendió tanto en el estómago: neutralizo el ácido, porque a veces el estómago me manda los alimentos con demasiado ácido, y donde yo empiezo, tengo glándulas que producen sustancias neutralizantes de ese ácido.

Ahora soy tu Colon, tu Intestino Grueso; soy fuerte, resistente, de músculo liso, con muchas vellosidades, que aumentan mi superficie de absorción. Soy flexible, elástico y tengo movimientos rítmicos y regulares.

A mí llegan todos los desechos, lo que no puede asimilar el Intestino Delgado, todo viene nadando en líquido, y yo tengo que separa lo sólido y transformarlo en lo que después tú eliminas, como deposiciones. Para eso me ayuda la flora intestinal, que habita en mí y que son microbios que descomponen estos restos. O sea, yo te fabrico las heces y te absorbo todo el líquido que tu organismo necesita. También te absorbo algunos minerales y vitaminas... pero no me gusta retener lo que debe eliminarse, porque si queda más tiempo que el debido, se le saca más líquido y se endurecen las deposiciones, y mi pared se irrita. Después, yo mando todo al recto y éste avisa para que el ano lo elimine, cuando tú se lo permites.

Siento otros órganos, que ayudan a la digestión y al metabolismo, como los pilares que sostienen este Sistema Digestivo.

Mi Hígado me ayuda a eliminar no sólo los excesos, sino que todo lo que es tóxico y dejo entrar en mí; tiene un límite y me habla de su angustia, cuando deja pasar los excesos que no puede eliminar; y de su insólita capacidad de transformar desechos en algo útil. Es vigilante y previsor. Este Hígado mío, macizo, presente, que me ayuda a metabolizar todo lo que como, es previsor y sabe guardar una reserva de alimento, esencial y básico para las emergencias, el glucógeno, esa famosa azúcar, que no puede faltar ni sobrar. Y para eso está mi Páncreas, tan pequeño y tan eficiente, él sabe que tiene que controlar el nivel de azúcar en mi sangre, y facilitar su absorción, además, sabe que tiene que ayudar al Intestino delgado en su trabajo.

Mi Páncreas no puede equivocarse en su doble función: hacia fuera y hacia adentro. Con cuánta más facilidad el Páncreas perturba su función interna.

Vuelvo a mi cabeza y encuentro otra vez a alguien coordinando las funciones de varios. Ahí está mi Hipotálamo y mi Hipófisis, como una gran directora de orquesta, coordinando a las otras glándulas. Mi Tiroides, interviniendo en el metabolismo, cuidando mi piel, mi termorregulación. En fin, todas ellas trabajando en armonía. Aceptando la crítica y con una increíble noción del trabajo en equipo."

(Ponemos música y nos preparamos para la interacción grupal).

"Ha regresado la música y ahora me siento con los demás, aquí en esta sala, como parte de un grupo. Me conecto con mi piel y mis sentidos, muevo mis músculos.

Me pongo de pie y comienzo a sentir la música en mi cuerpo, puedo moverme y podemos movernos juntos, en el grupo, armónicamente, y formar, entre todos, un gran organismo vivo, que se mueve y vive, y está en relación con el medio y con cada una de sus partes."

Por último, al finalizar la fantasía, cada integrante de pie, en círculo uno frente a otro, debe decir una frase de lo que sintió. Cito algunos ejemplos:

Yael: "Me siento emocionada y conectada conmigo misma".

Marcela: "Es una hermosa experiencia". "Siento que viajé por mi cuerpo".

Emilio: "Me emocionó saber cómo es el corazón".

Karina: "Me encantó, en la parte del útero, me imaginaba mi guagüita".

Lalo: "Me siento alegre y tranquilo, con más conciencia de mi cuerpo".

Victoria: "Yo no conocía mi cuerpo, estoy sorprendida de saber cómo es por dentro".

Ema: "Me siento muy contenta". "Es una experiencia muy agradable, y sirve mucho"... "Deseo que me lo facilites, para hacerlo a mis pacientes".

Terapeuta: Muchas gracias a ustedes.

8. Recuperación de recursos, en grupo de formación

Este ejercicio consiste en revivir una situación de crisis, en un espacio contenedor y de gran confianza, como es el grupo terapéutico, con el objetivo de aprender a recuperar recursos personales. Tal como antes se mencionó, en el trabajo presentado sobre las crisis, el terapeuta puede ayudar al paciente a recuperar lo vivido, reactualizando lo vivido, atento a las acciones realizadas, revalorizando los mecanismos defensivos que utilizó y, por supuesto, con una mayor amplitud de conciencia de la situación global y de su propia angustia. Este darse cuenta, que presenta la persona al revivir la situación de crisis, hace posible transformar esta vivencia en algo positivo, y es a lo que llamamos "recuperar los recursos del paciente".

Si se realiza este ejercicio en un grupo terapéutico, es el terapeuta quien debe guiar el ejercicio. Sin embargo, también se puede realizar entre terapeutas o psicólogos formados, que están especializándose en Gestalt, como es el caso que se presenta a continuación.

Se trabajará en pequeños grupos de 4 personas, que se conozcan y tengan confianza entre sí. Uno de ellos, comenzará a relatar una escena traumática personal, que se le presente como figura.

La persona que relata la situación vivida, lo hace en primera persona, y como si se vivenciara en el presente, con los ojos cerrados durante todo el tiempo. Comenzará a contar desde dónde surgen los primeros recuerdos o imágenes de la situación: "Estoy en el dormitorio de mi mamá… tengo tantos años". Debe contar la historia absolutamente en presente, como si la estuviese viviendo nuevamente, y no se detiene sino hasta el final, donde se acaba esa situación, hasta recuperar la calma. **Los observadores:** Se dedican a anotar la situación, cómo cuándo, dónde ocurre, con quién, qué hace y cómo es lo que hace. Debe ser un observador no crítico, y limitarse escribir lo que ocurrió… según lo indica el relato. Debe prestar especial atención a cómo ocurrió la crisis y cómo se resolvió, **qué hizo la persona, y sobre todo, el modo cómo lo**

hizo. Por ejemplo, anotar si es que pidió ayuda, se alejó, enfrentó, salió sola, se puso a llorar, a rezar... en fin, la acción que realizó.

¿Cuándo debe intervenir el terapeuta o guía de la actividad?

1. Se debe intervenir lo menos posible, sólo para activar al paciente con preguntas tales como: ¿Qué sientes? ¿Qué está sucediendo? ¿Cómo te sientes? ¿Qué sucede en ese momento contigo? Permítete expresar lo que estás sintiendo. En fin, preguntas que tengan relación y que ayuden a tomar más conciencia del momento, lo que está viviendo la persona y el cómo lo está viviendo. La idea es que se hagan pocas preguntas, pero que le ayuden a profundizar y a tomar conciencia.
2. Luego de eso (la formulación de las preguntas señaladas), no hablar, dejar el tiempo y espacio para que relate y salga solo de la situación; es decir, que avance solo, a su propio ritmo.
3. Si se queda pegado en el tema, angustiado o llorando, se lo respeta y se le **da tiempo para salir solo**... lo necesario. Si, igualmente no sale, y queda pegado, lo ayudas con preguntas como: ¿Y cómo es que saliste de esto? ¿Cómo lo hiciste? ¿Como terminó esa situación? ¿Y qué te sucedió después? ¿Cómo fue que saliste de ello? ¿Qué sucedió más tarde? Siempre pidiéndole que mantenga los ojos cerrados, y que se vaya conectando con cómo se cerró la situación.

Es muy importante que cuando esté en una situación crítica no lo apresuren, le den el tiempo necesario, pues ahí estarán todos atentos a qué recursos está utilizando para salir de ello y, si lo apuran, no tendrán tiempo de percibir sus recursos. Hay que darles el tiempo necesario, sin apurar.

A continuación, ejemplos de situaciones desarrolladas en grupos con alumnos, que realizan la formación de Gestalt.

Edad	Situación real	Descripción de paciente	Acciones
7 años	Incendio en la casa. Es de noche, duermen en un segundo piso; ella va a ver a su hermana de 3 años a la habitación de al lado. Ella está en pijama y su hermana en la cama. Y ella no hace nada.	"Estoy en la entrada, mirando a mi hermana pequeña, veo el fuego, siento mucho miedo, mucho miedo, estoy paralizada, veo las llamas y miro a mi hermana chica. Mi mamá y mi papá llegan y nos sacan a las dos de la habitación y nos llevan en brazos afuera". Se solicita representarlo en 1a persona y durante el revivenciar la situación el terapeuta va haciendo pequeñas preguntas para completar la escena. Al finalizar el ejercicio, llora, está muy emocionada, y relata que siempre se sintió culpable de no hacer nada. Así, en otras ocasiones de crisis, también tiende a quedarse "paralizada" y sin hacer nada.	Camina; luego está parada, quieta, sin hacer nada, mirando. La madre la saca de ahí.

Devolución y reflexión

Es un segundo piso, la cama de la hermana está junto a la ventana; sus padres aún no llegan a la escena, y ella, de 7 años, llega primero (1ª acción: va a ver a su hermana caminando), pero se queda "paralizada", dice ella (2ª acción: quieta). Y agrega "mirando" (3ª acción: mirar, estar consciente) Ahora, nos preguntamos qué podría hacer una niña de 7 años… ¿abrir la ventana? ¿Entrar en pánico y gritar? Si abre la ventana, el fuego tomaría más fuerza; si entra en pánico, dificulta más la salida rápida y eficiente de los padres, con ellas, y puede llegar a obstaculizar más y, tal vez, sería peor. Es probable que el quedarse quieta haya sido lo más adecuado, y, de hecho, *su modo de quedarse quieta, fue muy adecuado, pues se queda quieta pero no rígida, de modo dócil, dejándose tomar y dejándose llevar por sus padres.* Desde la interpretaciones comunes, puede aparecer un quedarse quieto, rígido, paralizado, un mecanismo evitativo. Desde una mirada gestáltica y con una mayor toma de conciencia de sus emociones y de su sentir, con una mirada abierta, lo que se le devuelve a la persona es diferente; tal vez, es un buen modo de cuidarse a sí misma, y de cuidar también del entorno, sin intervenir apresuradamente: es más respetuosa. Tal vez, el estar quieta y mirando, es un modo que le permite tomar distancia, evaluar, procesar, es un modo no invasivo, que puede ser positivo; no es un modo rígido ni es negativo; tampoco es tan evasivo, como ella lo ha vivido hasta ahora, pues siempre sigue estando consciente y se le hace presente lo que va sucediendo.

Edad	Situación real	Descripción de paciente	Acciones
12 años	Asalto al salir del colegio. Va caminado con un compañero. Dos hombres mayores los asaltan. Le quitan el celular a su compañero. Luego les dicen que se vayan, lo que hacen corriendo, hacia a sus casas.	"Estoy con mi amigo y se interponen en nuestro camino dos asaltantes, justo al frente, sin dejarnos pasar. Nos dicen que entreguemos todo lo que tenemos de valor, que no nos harán nada, pero que entreguemos el celular y lo que tengamos. Mi amigo está muy nervioso, le entrega la mochila y les habla, yo me quedo callado y sé que tengo mi celular en el bolsillo pero no digo nada; mi amigo les dice que ya no tiene nada más. Pienso en si es mejor correr o no correr, miro donde estamos, muy cerca de mi casa… mejor que no… Mientras mi amigo habla, a mí no me quitan nada. De pronto, nos dicen que nos vayamos y salimos corriendo. Después, mi amigo va llorando, súper asustado; dice que nos iban a matar, yo lo calmo y le digo que nos dijeron que no nos iban a hacer nada".	**1ª escena:** Él está parado, quieto, siente su celular en su bolsillo, no dice nada. Mira, piensa, observa, evalúa la situación. **2ª escena:** Cuando les dicen que se vayan, apura el paso y corren. **3ª escena:** Al llegar a casa, relata lo sucedido, está tranquilo. Calma a su amigo

Devolución y reflexión

Él se queda quieto y no hace nada. Aparentemente, es el amigo el que "atina", entregando su celular, y hablándole a los asaltantes; el paciente tiene un modo más pasivo, no actúa directamente, como si quedará en segundo plano.

Aparentemente, no hace nada... Sin embargo, debe haber algo positivo en su modo, ya que a él no lo registran, ni le quitan el celular que lleva en su bolsillo; algo en su modo de actuar debe ser positivo, pues los asaltantes lo dejan a él en segundo plano, casi como que no les interesara.

Al conectarlo con lo que está sintiendo, logra darse cuenta que, al igual que en el anterior caso, es un estar quieto, pero no paralizado, pues está escuchando que no les harán daño, observa la situación, evalúa la posibilidad de salir corriendo...

Claramente, él está evaluando la situación... mira y escucha ingenuamente, y confía en que no le harán daño... se tranquiliza a sí mismo... y más tarde, cuando ya pasó el peligro, calma también a su amigo, quien se encuentra sumamente nervioso y asustado. En este chico se ve claramente *el quedarse quieto como algo positivo que le permite evaluar mejor la situación, escuchar mejor a sus asaltantes, y con ello, se tranquiliza a sí mismo, logrando transmitir cierta tranquilidad, que evita que él sea registrado, como su amigo.* Esto es lo que se le devuelve al paciente, quien, al escucharlo, dice que encuentra cierta coherencia con lo que realmente sucedió, pues tampoco se sentía tan mal al estar sin hacer nada... por una parte, su mente le decía que debía haber hecho algo más, pero se sentía mejor en segundo plano. Ahora se da cuenta de que esto tiene que ver con su modo de actuar frente a las situaciones peligrosas; no se apura, mira, medita, busca soluciones y después, actúa; tampoco se tarda tanto, es decir, responde bien a la situación, como meditando acerca de qué es lo correcto, en ese momento. Su actuación sería similar al caso en que le tocó prestar ayuda en un accidente automovilístico: actuó bastante rápido, pero con cierta serenidad en lo que hacía; fue el primero en atender a las personas y solicitarle a su hermana que llamara por celular a Carabineros y ambulancia.

Edad	Situación real	Descripción de paciente	Acciones
6 ó 7 años	El padre es alcohólico, y al beber en exceso, frecuentemente se pelea con la madre. Es una discusión bastante fuerte. Ella se mete bajo la mesa del comedor y los observa.	"Mis papás están peleando y yo me asusto mucho; siempre que mi papá llega borracho, se pelea con mi mamá. Los he visto muchas veces y yo me escondo debajo de la mesa del comedor o debajo de la cama; ahora estoy debajo de la mesa y lo que hago es que me pongo a filmar, voy a hacer una película, y los voy filmando así… cuando sea grande la voy a ver y voy a entender. Yo sé que ahora no entiendo la película, porque soy chica… pero cuando grande la voy a entender".	Se esconde, se queda tranquila, se imagina que está filmando. Mira la escena y filma. Se da una explicación, se tranquiliza a sí misma.

Devolución y reflexión

Antes de escenificar la situación, ha relatado que, para ella, esto era muy traumático, y que su antigua psicóloga se lo señaló como un acto de negación y de personalidad escindida, algo muy nefasto para ella. Siente mucha vergüenza de contarlo en el grupo.

Desde una mirada gestáltica más abierta, lo que se le devuelve a la persona es muy diferente. Si nos fijamos en las acciones: ella se esconde, pero no en su dormitorio o en el closet para no ver ni escuchar nada; se esconde en un sitio desde donde puede observar y escuchar todo... esto no puede ser una negación, ya que ella nunca deja de estar presente; por tanto, nunca hay negación de lo que ocurre. Al contrario, casi podríamos decir que busca estar presente, pero a salvo, y más aún, porque busca una manera de estar presente que le permita registrar (filmar) lo que sucede, como si, a futuro, eso lo pudiera volver a ver y entender mejor. Sabe de sus limitaciones, que no lo puede entender ahora, y se da esta solución de tratar de entenderlo en el futuro: es *una solución creativa a una situación difícil* de tolerar, y ella encuentra el modo de estar presente, manteniéndose atenta a lo que sucede en cada momento, porque está "filmando" y, sobre todo, logra mantener la calma y estar tranquila.

Este darse cuenta, que presenta la persona al revivir la situación de crisis, hace posible transformar esta vivencia en algo positivo, y esto es lo valioso de este ejercicio. Se siente muy agradecida de aprender a mirar desde este punto de vista y sabe que, más bien, debe entenderlo como un recurso creativo.

La importancia de la experiencia relatada en 1ª persona y presente, hace que el paciente reviva la situación de crisis tal como la vivió en la ocasión original. Ahora bien, la escucha y observación fenomenológica del terapeuta, quien va realizando sólo preguntas ingenuas para poder comprender en su mayor amplitud la situación, ayudan a tomar conciencia de aspectos positivos de lo vivido, aspectos que pasaron inadvertidos, según el recuerdo del paciente.

En esta técnica, la persona no sólo repite el discurso, sino que repite la vivencia, lo cual permite al psicólogo ver el modo, la conducta y la actitud del paciente frente a la crisis: con sus preguntas y luego con el *feedback*, favorece el darse cuenta del paciente. Y este darse cuenta, que presenta la persona, hace posible transformar la vivencia en algo positivo, y esto es lo valioso de este ejercicio, pues la persona se siente muy agradecida de aprender a mirar desde este punto de vista y sabe que más bien debe entenderlo como un recurso creativo.

9. Fantasía guiada: saneando nuestro niño interno

La fantasía guiada que aquí se presenta, ha sido especialmente diseñada para que cada participante pueda conectarse con su ser niño o niña, y vivenciar nuevamente situaciones o emociones intensas, que hayan quedado inconclusas o abiertas en el pasado. Permite al terapeuta varias formas de trabajar estas situaciones, para poder trabajar su cierre. Una forma clara y típica, es que la persona se sitúe al centro y trabaje en una "silla caliente" con algún personaje que le ha aparecido. Otra forma, es trabajar desde la situación de crisis, reviviéndola una vez más, y cerrándola en el centro. Otra manera es desde el *continuum* de conciencia, conectándola con la sensación predominante, permitiéndole seguirla y ver dónde la lleva. Y finalmente, un hermoso modo de trabajarlo en forma grupal, es permitir que cada uno de los participantes encuentre una solución de un modo creativo; un cierre, desde ellos mismos.

Fantasía guiada: El tren de la vida

Este ejercicio se realiza con música previamente seleccionada. Se les indica a los participantes: "siéntate o acuéstate en el suelo en una posición que te sea cómoda. Cierra los ojos. Escucha la música y permite que suavemente te recorra... Suelta tu cuerpo, recorre imaginariamente tu cuerpo, sintiendo tus pies, tus piernas, tus pantorrillas, tus muslos, tus glúteos... suelta el cuerpo y relájate... siente tu espalda contra el suelo, tu estómago, tu respiración... deja que la música penetre suavemente, déjate llevar por ella, y continúa soltando tu cuerpo... tus brazos, tus hombros, tu cuello, tu cabeza.

Ahora, imaginarás que te subes a un tren muy especial, es el tren de la vida; cuando se ponga en marcha, te llevará por diferentes años de tu vida... hacia el futuro, hacia el pasado... Esta vez, iniciaremos un viaje hacia el pasado; pero, antes de partir, deseo que te detengas y mires ¿cómo es este tren, cómo son sus vagones, cómo está construido, de qué materiales, cómo son sus asientos, cómo es su ventana?...Tú te sientas al lado de la ventana, y desde ahí, observarás todo lo que suceda. Este tren te llevará ida y vuelta por tu pasado....

Tut...Tut... El tren comienza a partir... es un viaje hacia el pasado... sus vagones se mueven hacia atrás... la locomotora está detrás de tu vagón... te mueves hacia atrás... si deseas, puedes sentarte al frente; está vacío, y podrás mirar por la ventana cómodamente... si tú lo deseas sigues dónde estás... el tren va hacia atrás... hacia el pasado... suena el sonido del tren y sus vagones... tú vas observando pasar el tiempo por la ventana...

Sí, en la ventana puedes ver algunas imágenes, como un flash, que se suceden rápidamente, de tu vida del año pasado... las ves como si miraras el paisaje, ves imágenes rápidas del año pasado...; sigue el tren... siguen las imágenes... como flash, sucediéndose, una a otra, imágenes que te retroceden en el tiempo... continúa retrocediendo a tu ritmo... pues sabes que en la próxima estación que te detengas, será la estación de tus 20 años... el tren retrocede en el tiempo, y tú vas mirando estas imágenes por la ventana.

El tren comienza a detenerse... **'Bienvenidos a la estación 20 años'**... Sí, son tus veinte años... tú no te bajas pero desde ahí lo ves todo... Aparece una imagen de tus veinte años... cómo lo ves... qué es lo que hay... quién está ahí contigo... qué haces... dónde estás... observa todo con detención... que el tren pronto debe partir...

Tut... Tut... Nuevamente, el tren se pone en marcha... continúa el viaje hacia el pasado... las imágenes nuevamente se sucederán, una a otra, rápidas como el tren..... por tu historia, por tu pasado... hasta la próxima estación... los 10 años... escucha el sonido del tren... y, a tu ritmo, permite que pasen las imágenes por tu ventana...

El tren comienza a detenerse... **'Bienvenidos a la estación de 10 años'**... Sí, son tus 10 años... tú no te bajas, pero desde ahí lo ves todo... una imagen de tus 10 años... ¿dónde estás? ¿Cómo es que lo ves... qué es lo que hay... quién está ahí contigo... qué haces... cómo es el lugar donde estás?... observa todo con detención... que el tren pronto debe partir...

TUT... TUT... Nuevamente, el tren se pone en marcha... continúa el viaje hacia el pasado... las imágenes nuevamente se sucederán, una a otra, rápidas como el tren... por tu historia, por tu pasado... *las imágenes se sucederán, unas y otras, hasta llegar a tu destino... la estación final... al fin llegarás a destino... tu primer año de vida...* escucha el sonido del tren... y, a tu ritmo, permítete que pasen las imágenes por tu ventana...

TUT... TUT... Has llegado a tu destino y el tren comienza a detenerse... esta es la última estación del recorrido... **'Bienvenidos a la estación tu primer año de vida'**... Sí, es increíble, es tu primer año, si no hay imágenes, no importa, te dejarás llevar por las sensaciones... este es tu destino y aquí *te bajas y lo ves todo desde ahí* ... Te has bajado y estás en tu casa, eres un bebé aún... tienes un añito... eres muy hermoso (a)... todo gira en torno tuyo, chupeteas algo placentero en tu boca, que te calma, y te hace sentir muy tranquilo (a)... hay muchos colores y sonidos a tu alrededor... son agradables y te sientes bien... Todo lo que tus manitos alcanzan, te lo llevarás a la boca... sabores... texturas... todo... todo... lo experimentas con tu boquita... es increíble... *Tómate el tiempo para sentir que estás ahí...* eres pequeñito(a) y dependes de los otros, ellos te cuidan...; cuando sientes una molestia en tu guatita, chillas y te darán la papa, cuando sientes los ojitos cansados y pesados, te harán dormir, te acunan, te toman, te abrazan, te cantan una canción... todos te quieren, todos están para ti, el mundo es para ti... tú despiertas y el mundo despierta, tú eres su centro... tal vez gateas, tal vez ya caminas tus primeros pasos... tal vez ya dices tus primeras palabras...

Ahora dejaré el tiempo, para que te conectes con alguna imagen en esta edad.

Si recuerdas algo observa cómo es la situación, dónde estás, cómo estas, cómo te sientes, permite explorar la imagen que aparece a tu ritmo… si no recuerdas, tan sólo permítete estar ahí y disfrutarlo por un instante…

Tut… Tut… A lo lejos, se escucha el pito de la estación, *el tren debe regresar a su estación de origen y tú debes regresar con él.* Te llevan cuidadosamente al tren, te acompañan ahí; con sumo amor y cuidado, te dejan en tu asiento… tú debes continuar el viaje de regreso, esta vez, el tren se detendrá en otras estaciones diferentes a las que ya visitaste … la próxima estación será entre tus 3 ó 5 años.

Tut… Tut… El tren se pone en marcha… vas de regreso a la estación de origen…, es decir, vas creciendo poco a poco, y las imágenes se van desarrollando con la secuencia real de más pequeña a más grande… tú irás creciendo a medida que el tren se vaya deteniendo en las próximas estaciones de tu historia… tu próxima estación será entre tus **3 ó 5 años** de edad… escucha el sonido del tren… y permítete que pasen las imágenes por tu ventana…

El tren comienza a detenerse… **'Bienvenido (a), a la estación entre tus 3 y 5 años'** nuevamente aquí te bajarás… tienes entre 3 y 5 años… ahora ya eres más autónomo (a), ya has ido aprendiendo a vestirte, caminas bien, incluso sabes saltar… *Si recuerdas algo de esta edad, permite sentirlo y penetrar en el recuerdo…* observa cómo es la situación, dónde estás, cómo estas, cómo te sientes, permite explorar la imagen que aparece a tu ritmo y deja mi voz en *off*… casi sin interferir en tus imágenes y recuerdos… si no recuerdas, tan sólo déjate llevar por mis palabras…

Aún eres muy niño(a), eres juguetón(a) y has crecido, conversas, caminas, corres, saltas y te manejas bastante mejor con tus manos, pudiendo alcanzar lo que deseas… lo que más te gusta es *hacer las cosas por ti mismo(a),* te gustan las cosas nuevas, los pequeños desafíos que puedes enfrentar tu solito(a)… también te gusta jugar, imitando a los grandes, a tu papá o mamá, con sus zapatos y ropa, al doctor y todo lo que ves… *tómate tu tiempo, y si aparece una imagen, deja mi voz en off y permite descubrir tu recuerdo como es y qué haces…*

Tu forma de entender el mundo es muy diferente a la del adulto. Aún ignoras la existencia del yo. Sí sabes cuando algo material es tuyo, pero aún confundes tus sentimientos y emociones con las del otro, aún confundes lo interno con lo externo. Aún confundes el tú con el otro… *Eres uno con el mundo*, el mundo es para ti y tú eres para el mundo… hay en ti un pensamiento mágico… **todo aquello que se mueve está vivo y es consciente**: los animales, los seres humanos, pero también al sol, la luna, el auto, el avión. 'El viento sabe que sopla', 'el sol sabe que avanza', 'el sol y la luna nos siguen'… las cosas son como las ves… hay en ti un realismo absoluto… eres un(a) hermoso(a) niño(a)… También te cuesta distinguir entre el mundo físico y el psíquico, que se te confunden… tienes una hermosa forma de entender este mundo… los nombres están ligados a las cosas… los sueños son reales y están dentro de la alcoba… el pensamiento es una voz, que sale de la boca y, si en estos momentos, yo cierro mi boca, me callo ya no pienso más… silencio.

Ahora dejaré el tiempo, para que cada uno vuelva a conectarse, una vez más, con su imagen de esta edad…

Tut… Tut… A lo lejos, se escucha el pito de la estación, el tren debe continuar su regreso en el tiempo y tú debes venir con él. Ahora ya caminas y te subirás al tren, te despides de tus acompañantes y los dejas atrás con un beso, con amor…. tú debes continuar el viaje de regreso, ya sabes que tu próxima estación será entre tus 7 ó 9 años.

Tut… Tut… Nuevamente el tren se pone en marcha… continúa el viaje; ahora vas creciendo, poco a poco, y las imágenes se van desarrollando con la secuencia real de más pequeña a más grande… tú vas creciendo, a medida que el tren avanza, y la próxima estación te detendrá entre tus 7 y 9 años de edad… escucha el sonido del tren… y permite que pasen las imágenes por tu ventana…

El tren comienza a detenerse... **'has llegado a la estación entre tus 7 y 9 años'**... permite buscar una imagen de esos años... Tómate tu tiempo... observa... ¿dónde estás? ¿Cómo es, qué ves... qué es lo que hay... quién está ahí contigo... qué haces... cómo es el lugar donde estás?... observa toda la imagen con detención y permítete entrar en ella... siéntela.

Puedes cambiar de imagen, puedes pasar de una a otra, pero intenta quedarte con una, y explorarla lo más intensamente posible... ¿cómo es? ¿Qué ves, dónde está, con quién, qué hacen, cómo te sientes tú, cómo están los demás, qué colores ves, qué sensaciones tienes?... explórala libremente.

Si no surgen imágenes déjate llevar por mi voz... si existe la imagen, deja mi voz en *off* y no prestes tanta atención a ella y déjate llevar por tu imagen...

Ahora, ya eres más grande, seguro vas al colegio y tienes amigos, tal vez muchos... tal vez pocos, pero seguro que al menos un (a) amigo (a) ya tienes... Te importa ser como ellos, te comparas con los amigos y te gusta ser como los demás... puedes pertenecer a un club o algo similar... Aunque estás algo más grande, te gusta jugar... puedes jugar a la pelota, al pillarse, a esconderse y tienes bastante más habilidades que cuando más chico(a), te justa hacer cosas más difíciles y entretenidas; es un desafío para ti el hacerlas bien... Tu pensamiento también se ha ido desarrollando, ya distingues claramente lo interno de lo externo, la realidad de la fantasía, aunque aún funcionas por ensayo y error...

Ahora dejaré el tiempo... para que cada uno(a) vuelva a conectarse una vez más con su imagen de esta edad...

TUT... TUT... A lo lejos se escucha el pito de la estación; el tren debe continuar su camino y tú debes partir con él. Ahora, que eres más grande, te subirás al tren, te despides de tus acompañantes y los dejas atrás con un beso, con algunas palabras, con amor, como tú desees, pero los dejarás atrás... tú debes continuar el viaje de regreso, pues deberás viajar, ahora directo, a la estación actual...

Tut… Tut… Nuevamente, el tren se pone en marcha… continúa el viaje; ahora vas creciendo, poco a poco, y las imágenes se van desarrollando con la secuencia real, de los 9 años a más grande… tú irás creciendo, a medida que el tren se vaya deteniendo en las estaciones de tu vida… ya no te volverás a bajar del tren; éste sólo se hará más lento en algunas estaciones, para que puedas tener imágenes de ellas, pero el tren ya no se detiene, sigue con calma su regreso. A medida que el tren va regresando, tú irás siendo cada vez más grande, hasta llegar a tu edad actual… y permítete que pasen las imágenes por tu ventana… y deja atrás lo pasado… Puedes seguir a tu ritmo… viendo imágenes que te acercan, cada vez más, al momento actual… Hazlo tú solo (a)… has que el tren regrese a tu edad actual, lentamente, para que te permita ir encontrando imágenes…

Finalmente, ves una imagen más cercana a tu edad actual… continúa y luego vendrá otra imagen… hazlo a tu propio ritmo, hasta que llegues a tu edad actual, finalmente … deja el tren atrás, abre los ojos y espera que tus otros(as) compañeros(as) lleguen hasta acá."

Fin.

Representando la historia personal

En el ejercicio, que comienza con la fantasía guiada sobre la infancia, posteriormente se realizará la actividad de representación.

La fantasía guiada ayuda a conectarse con la emoción y sensación de ser niño nuevamente; en ésta se reviven situaciones o imágenes del pasado, y se regresa de ella con las imágenes que el propio participante desee seleccionar. Luego de esto, cada participante se conecta con la emoción con que se ha quedado desde la fantasía, y dibujará, en una hoja una historia, real o ficticia, que represente esta emoción. Todos, en silencio, deben dibujar esta historia con comienzo, desarrollo y desenlace, dando un nombre a su personaje. No deben comentar sus dibujos entre ellos, porque una vez finalizado esto, al azar, saldrán dos personas al centro del grupo, y deberán representar sus historias. Primero, sólo con mímica, luego con sonidos y voces, y finalmente, interactuando entre ambos. El terapeuta deberá ir observando la interacción entre ellos, e intervendrá sólo preguntando con tono ingenuo, para ir conectándolos con lo que sienten y lo que desean... hasta que ambos participantes, claramente, se sientan a gusto y sientan que han cerrado la situación.

Representación de los participantes

Se debe tomar en cuenta que los participantes no conocen la historia de sus compañeros, por lo que la sincronía en las historias es pura casualidad.

En una experiencia, en que se puso en práctica este ejercicio, sucedió que, al representar a los participantes, salieron las siguientes historias:

1. **Dos buscadores,** un joven (24) que buscaba en el universo, desde niño, todas las respuestas; y una señora (55), que buscaba soluciones concretas... ella, de niña, se sentía triste y afligida, muy solitaria (perdió a su madre muy chica), y ya no sabía dónde buscar... poco a poco, el joven la fue contagiando con su alegría de buscar, y finalmente juntos (aunque cada uno por su camino), logran salir a buscar nuevos mundos. Ella logra levantar la cabeza y mirar más allá.

2. **El niño en el agua y la enredadera**. Dos participantes representan a un niño y a una enredadera, respectivamente. El niño (25) se está bañando en la tina, que, por momentos, también es un río; el agua le calma y le gusta mucho, se siente contento en esta situación: contenido y llevado por el agua, que fluye sin parar... y con el movimiento del agua, él se calma... se deja ir. La

enredadera (24) también fluye y se expande por la tierra, y trepa por lo alto. Ambos se conectan desde el movimiento y éste logra calmar su angustia.

3. **El pez en el agua y la playa**. Dos participantes representan a un pez y a la playa, respectivamente. Uno es el movimiento: el pez (38), que nada libre en el agua, oscuro, profundo, desconocido, y que siente que puede ir donde desee, que nada lo detiene, y la otra persona es la quietud, la playa (36), calurosa, luminosa, alegre, llena de gente, conocida, y que permanece... son dos polos que se necesitan y se complementan. Finalmente, se dan cuenta de que se unen en la orilla.

4. **El niño y la pelota**. Dos participantes representan a un niño y a una pelota, respectivamente. Uno es el niño (46), algo triste y solitario, dando vueltas, sin saber dónde va, desorientado, aburrido. La otra persona, es una pelota (32), redonda, y que no para de dar giros y giros por el lugar, es juguetona y está hecha para rodar... sólo sabe rodar... también se encuentra sola... se encuentran y el encuentro es obvio, el niño juega a la pelota.

Cada uno de los relatos aquí presentados tienen mucho significado para la persona, la buscadora que se cansa de buscar, y a veces desea "tirar la toalla", porque siente que es demasiado su esfuerzo para seguir. El niño que se baña en la tina, el cual, de pequeño, sufrió momentos muy difíciles, y que ahora sí recuerda haber sido contenido, a través de esa imagen; el pez, que en su vida real, se siente limitado y que no puede ser el que es, logra captar su polaridad. El niño y la pelota, donde ambos participantes siguen esperando que un otro les devuelva su sentido, y aún les cuesta seguir adelante por sí solos... etc... Finalmente, cada participante dará su *feedback*, y contará cómo se siente, de qué se ha dado cuenta, y con qué se va.

10. Ejercicio de familia

Este ejercicio tiene por objetivo recrear la familia, representarla y reactualizar los problemas que en ella se dan. Este ejercicio es una experiencia semidirigida, donde la persona explora antiguas y nuevas formas de vivencias, que le ayudan a vivir de un modo más integro y sano el entorno familiar.

Para ello, se construirán familias ficticias, en las que cada participante va a escoger ser un miembro de esta nueva familia, padre, madre, hermano u hermana. La elección del personaje a representar, lo realizará el paciente, según tenga más dificultad en este momento con ese familiar. A cada familia que se forme, según número de participantes del grupo y el modo de ser de cada uno, se le permitirá actuar libremente, según sean los personajes que estén representando. Por ejemplo, a una madre pasiva y callada, podría tocarle una hija adolescente, rebelde y confrontadora. Así, se pueden dar muchas y muy complejas situaciones: madres sumisas, padres autoritarios o viceversa, madres "hincha pelotas" y padres jodidos... etc... y, además, hijos difíciles o complejos... *veremos cómo lo resuelve cada familia,* y si es que lo resuelve.

Ejemplo para escoger: Si un participante tiene dificultad con su madre... *representará a la madre de esta nueva familia, con las mismas características de la suya.* Óptimamente deberán ser del mismo sexo, o bien buscará a otro familiar del mismo sexo. Si no es posible o no lo tiene, representará al padre o madre de su mismo sexo, pero con las características de la persona en conflicto; por ejemplo, será el padre de familia, pero con características de la madre real.

Una vez que cada uno decide quién será representado, los posibles padres se presentan entre ellos, contándose sobre sus características, y se les otorga un tiempo, para que se busquen entre los padres y madres a aquellos que sientan que puedan ser más afines, y tolerar mejor lo que se les viene. Se arman las parejas.

Luego, los padres se presentan frente a los posibles hijos, contando cómo es cada uno... los hijos escogen a sus padres... los padres tienen que aceptar a los hijos que los han escogido: lo que les toca, como en la vida real. Los hijos se presentan en el grupo a sus padres, explicando qué edades tienen y cómo son, cómo se comportan, y las dificultades que presentan en estos momentos.

Se arman las familias y comienzan a interactuar entre ellos. Salimos a un restaurante, donde se llevará a cabo el almuerzo familiar, durante al menos 1 hora.

Cada uno debe comportarse como es su personaje y, desde ahí, ver qué afinidades van surgiendo entre ellos y cómo afrontan las dificultades, sobre todo, con los hijos que suelen ser considerados de conducta "difícil".

Finalmente, se realiza cambio de rol, y cada uno sigue actuando en familia, pero ahora con su rol verdadero. Posteriormente, al regresar, y una vez en la sala de grupo, se realizan los comentarios. Se hacen preguntas tales como: ¿qué conflictos se presentaron?, ¿cómo los resolvieron?, ¿cómo se sintieron siendo su...?, ¿era cómodo ese rol?, ¿era efectivo para con la familia?, etc... ventajas y desventajas del rol... ¿con qué te quedas?

Realización

El grupo en el cual realicé este ejercicio últimamente, era ideal, pues había tantas mujeres como hombres, y se formaron dos familias: una con cuatro hijos y otra con tres.

Familia N° 1. Padres: Carmen y Francisco. Hijos: Cony, Raúl y José

Desde el comienzo, fue una pareja que se llevaba bastante bien, también en el momento de actuar frente a los hijos. Él era muy simpático, agradable, con mucho humor y siempre positivo. A pesar de que se las daba de Don Juan, la madre lo toleraba y reía de sus tonteras y piropos con la mesonera y otros. Fue una pareja ficticia que armonizó muchísimo y que, luego, en el comentario final, tanto Carmen como Francisco coincidieron en que se parecían a sus padres reales.

Los hijos se sintieron bastante cómodos con estos padres tan buena onda y, sobre todo, tan alegres y simpáticos. Llamó la atención el comentario posterior de Cony, la hija con más problemas, quien sintió que se reproducía exactamente lo que sucede con su hermano real. Ahora, en este ejercicio, por primera vez se llegó a sentir comprendida en su familia, sobre todo por su padre, y a pesar de sentir la crítica de sus hermanos, se sintió algo mejor. A Cony, se le murió su padre hace 8 años, y desde ese entonces, su hermano ha estado en crisis; ella también coincidía en que esta familia representó muy bien lo que eran su padre y su madre, antes de morir.

Este hijo presenta serios problemas de alcohol, y ya lleva varios años sin hacer nada, a pesar de haber sido puntaje nacional en la PSU; no estudia o sólo hace un primer año de alguna carrera y abandona. Dice que sale a carretear y no regresa en dos días... se pierde por la vida... La experiencia fue muy significativa para ella, quien representaba a su hermano, quien es muy criticado por ambas hermanas y muy sobreprotegido por la madre, lo que se dio exactamente igual en esta familia representada, pero que, ahora, desde el lugar de él, ella pudo captar lo criticado y rechazado que se sentía y cuánto le faltaba el apoyo de su padre, quien lo comprendía y apoyaba... Al sentirse más apoyado, se dio cuenta que las cosas podían mejorar. Esto le sirvió a la paciente, para dejar de criticar a su hermano y entender mejor la posición de su madre... lo que puede llevar a cambios conductuales importantes respecto a su hermano.

Familia N° 2. Padres Luisa e Ismael. Hijos: Mario, Rebeca y Alicia

Luisa: Es la encargada de las finanzas de la familia; meticulosa, en relación al orden y la limpieza, pone limites en relación a las cosas que deben hacer sus hijos, tiene que contener a una hija (10 años), muy demandante de atención, con serios problemas de comportamiento. Tiene también otro hijo (17 años), muy metido en su propio mundo que participa poco de la familia. Finalmente, la otra hija (24 años), es considerada bastante floja, y a quien el padre le da en el gusto en todo.

Ismael: muy condescendiente y buena persona con los hijos, les lleva bastante el amén; sin embargo, por momentos, se queja de haber dejado toda su vida por ellos, en pos del bienestar de la familia y lo cobra. Sin embargo, se ve bonachón y simpático.

Rebeca, de 24 años: apática, en lo suyo, hace lo que ella desea, y aunque trabaja, cuando llega a casa y no colabora en nada, tampoco interactúa mucho y nunca se sabe nada de su vida. Sin pareja y solitaria. Malhumorada.

Mario, de 17 años: es muy callado, se muestra más bien regañón y no siempre lo expresa. Desde fuera, se ve incómodo. Se muestra muy lateado (aburrido) con la familia, pesado, alega por todo y tiene muy poca interacción con los demás. Cuando interactúa, lo hace para quejarse.

Alicia, de 10 años: niña terrible… no para de pedir una y otra cosa, cuando aún no le daban la primera, ya estaba pidiendo algo diferente… exigente, demandante, dependiente, "centro de mesa", nunca está conforme, y siempre está viendo lo que le falta o lo que le han dado a sus hermanos, y lo desea para ella.

En un principio, esta familia tuvo problemas para congeniar, sobre todo entre la pareja, pues ella era bastante meticulosa y obsesiva, mientras que él, muy relajado; sin embargo, a lo largo de la representación, en la que fueron poniendo su atención sobre todo en los hijos, que, claramente, eran muy difíciles: los dos mayores, ausentes y descomprometidos, y la menor, permanentemente llamando la atención, muy requirente y demandante con ambos padres y que, por supuesto, rompía la poca armonía que se lograba, por momentos.

Claramente, la mayor dificultad de esta familia, estuvo en cómo tratar a esta hija; sin embargo, los resultados fueron bastante buenos, pues la hija logró tranquilizarse, y reportó haberse sentido muy bien con sus padres; contenida, cobijada, y sobre todo, le sorprendió el que, de algún modo, se sintiera satisfecha; ya no deseaba pedir nada más... y, curiosamente, lo que la hizo sentirse así, no es que le hayan dado en el gusto en lo que ella pedía, sino, más bien, fue el modo en que respondían a sus demandas no negándole todo automáticamente, como era habitual.

Posteriormente, la paciente relata que esta vivencia le sirvió mucho para con su hijo real.

Reporte de algunos de los participantes:

Luisa, como madre: "En relación a cómo me sentí, la verdad es que súper bien; siento que dejé fluir mucho las cosas, no me complicó tanto la familia, como pensé en un principio. A pesar de que mi hija es muy difícil, sentí que logramos manejarla bien y, sobre todo, en lo personal, me ayudó el poder ir *flexibilizando* un poco los límites con los hijos: esto es importante para mí.

Creo que las cualidades eran: ser contenedora, organizada, poner límites claros y firmes, pero, a la vez, ser flexible con las necesidades individuales de los hijos, y poder transar. Me parece que los defectos fueron: estar muy metidos en la relación con los hijos, y la relación de pareja se dejaba bien de lado. Fue muy bueno el ejercicio".

Mario: "Yo hice de mi hijo. Él es muy callado, tanto conmigo, como en familia; se muestra más bien regañón, hacia adentro. Se comunica muy poco, especialmente conmigo; cuando le pregunto, casi siempre me contesta con respuestas cortas y, a veces, me reclama sobre lo que le pregunto, hace gestos de incomodidad. Sin embargo, en la noche, cuando me acuesto a su lado, casi sin hablar y lo abrazo, siento que le encanta. Al otro día, él amanece contento y cariñoso. Al actuar de él, me mostré muy lateado con la familia, pesado, reclamando por todo (exageré a mi hijo), y vi que esa actitud deja muy poco margen para interactuar con los demás. Me pasaron dos cosas importantes: me quedé con la sensación de que a pesar de que, en apariencia, no quiere hablar conmigo ni con nadie, quiere que le pregunten y sentirse parte de la familia; su reclamo es, más bien, casi contra sí mismo; creo que él quiere participar, pero le cuesta. Lo segundo es que me di cuenta de que a lo mejor se siente enjuiciado por mí, criticado, pero esa no es mi intención. Quizás debo prestar más atención a esto, y al modo en que me comunico con él, e intentar no ser enjuiciador".

Alicia: "Yo hacía de mi hijo, él realmente es muy difícil, ha tenido problemas en todos los colegios, es demandante 'a otro nivel'; cuando le doy algo, ya está pidiendo otra cosa, y aún no saborea o toma lo recibido. Lo quiero, es mi único hijo, pero me canso mucho, pues vivimos solos los dos. El ejercicio me fue muy revelador, jamás pensé que había un modo de calmarlo, pensé que se aburrirían de mi y me abandonarían, pensé que no serían capaces de tolerarme… y no sólo me toleraron, sino que más bien, me tranquilizaron. Increíble. El modo en que me calmaba 'mi padre' (el del juego), es irrepetible en palabras, pero lo voy a ocupar en la realidad. Me decía que sí con confianza, con seguridad de que todo se daría, en fin, era su modo… excelente."

Comentario: este ejercicio es un excelente ejemplo de cómo el grupo terapéutico puede reproducir la realidad, transformándose en un verdadero espacio y escenario, que propicia con mayor eficacia, brindar a los participantes la oportunidad para desarrollar sus capacidades y poner en práctica soluciones nuevas y creativas, a las mismas dificultades conocidas.

Este espacio sólo es posible de lograr en el grupo terapéutico, y, por muchos años, se le llamó "laboratorios gestálticos" justamente por esto, por su característica altamente experimental; es decir, apunta al ejercicio de experiencias semidirigidas, donde la persona explora antiguas y nuevas formas de experiencia, que lo ayudan a vivir de un modo más íntegro y sano, consigo mismo y con su entorno.

Capítulo V

Ejercicios grupales utilizados con mayor frecuencia

Tal como mencioné anteriormente, el terapeuta no debe confundirse, ni menos transformarse en un demostrador de ejercicios o técnicas; por el contrario, debe mantener su rol de guía y ser un experto en utilizarlas para lograr que sirvan a su propósito terapéutico.

El terapeuta debe ser un experto en el cómo, cuándo y en qué momento utilizar los ejercicios, y recordar que éstos sólo son herramientas para la expresión, sin sobrevalorarlos, pues falsamente y desde el desconocimiento, muchas veces se les ha atribuido a ellos la mejoría del paciente. Reitero: los ejercicios, son sólo ejercicios y se debe saber **cómo, cuándo y para qué aplicar cada uno**. No deben ser usados a la ligera, pues un buen coordinador de grupo debe saber con qué propósito los está ocupando y qué es lo que espera de ellos.

Por ahora, sólo mencionaré los ejercicios que más utilizo en los grupos de gestalt. Varios de éstos han sido aprendidos, a lo largo de los años, en los grupos terapéuticos en los cuales participé como paciente, y algunos son tomados del libro *El Darse Cuenta* de J. Stevens (1976). Otros, los hemos ido inventado junto a mi pareja al realizar grupos; éstos son, por ejemplo: los ejercicios para situaciones de crisis; aquellos para recuperar recursos; los de situaciones pendientes; los de roles con misiones determinadas; la creación de familias y salidas al exterior en roles; fantasías sanadoras de la infancia; el caminar y escoger la vida; la pasarela de personajes; los cuatro elementos y otros ejercicios conocidos, que he ido adaptando a la gestalt. Espero, a futuro, poder hacer un manual de ellos, donde se explique cada uno en detalle; el cómo aplicarlos, las restricciones de usos, con qué tipo de pacientes aplicar y, sobre todo, cómo, cuándo y con qué objetivo aplicar.

1. Ejercicios de comunicación

Dime quién eres..., te doy...

Objetivos: conocerse entre dos, establecer vínculos, dar confianza, indispensable para formar el grupo. ***A*** dice: "Dime quién eres". ***B***, desde el aquí y ahora, dejando surgir lo que aparece... le responde "te doy mi". Puede dar algo material o puede dar lo que desee; por ejemplo, la alegría, la pena, el disfrutar, la lluvia, el sol, así, sucesivamente, y luego cambian de lado; ***B*** pregunta y ***A*** responde, entregando algo de sí. Verán que, entre más tiempo trascurra, más se profundiza en las respuestas. La principal utilidad de este ejercicio es para que los participantes de un grupo nuevo puedan conocerse de forma rápida y con una sensación de contacto profundo. Esto ocurre al cambiar la respuesta "soy...", por "te doy...". "Soy..." nos lleva a respuestas más convencionales y estáticas (Soy hombre, soy profesional, soy tímido), mientras que las respuestas con "te doy...", me llevan a definirme en el encuentro con el otro; es una definición dinámica, me conoces por lo que te doy. Esta forma dinámica es más propia del concepto de sí mismo gestáltico. Además, profundiza la relación entre los dos participantes en el dar y recibir (en lugar de escuchar definiciones de quién es el otro). Finalmente, también sirve para observar las dificultades en dar, o en recibir, o en sólo dar cosas "buenas", etc.

Pequeño ejemplo:

A: Dime ¿quién eres?
B: Te doy mi mesita de velador.
A: Dime ¿quién eres?
B: Te doy mi dormir bien por las noches.
A: Dime ¿quién eres?
B: Te doy mis sueños, como películas.
A: Dime ¿quién eres?
B: Te doy mi mal humor, por la mañana.
Etc.

De dónde vienes…, a dónde vas…

Objetivos: conocerse entre dos, establecer vínculos, dar confianza, indispensable para formar el grupo. Similar al anterior… ***A*** pregunta: ¿de dónde vienes?… ***B*** responde, de… ***A*** pregunta: ¿a dónde vas? ***B*** responde, a… y, luego, ***A*** vuelve a preguntar, y así, sucesivamente, 5 a 10 minutos; ***B*** sólo responde hasta hacer cambio de lado. Verán que, entre más tiempo trascurra, más se profundiza en las respuestas.

Pequeño ejemplo:

A: ¿De dónde vienes?
B: De mi trabajo.
A: ¿A dónde vas?
B: A descansar.
A: ¿De dónde vienes?
B: De la vida.
A: ¿A dónde vas?
B: A sentir, y seguir para adelante.
A: ¿De dónde vienes?
B: De algunas penas.
A ¿A dónde vas?
B: A salir de ellas y sentirme mejor.
Etc.

Me es obvio ... me imagino [11]

Objetivos: limpiar la comunicación. Aprender a diferenciar lo obvio de los supuestos o interpretaciones sobre el otro, que se dan por ciertos. La consigna a utilizar es "me es el obvio" considerando todo lo externo comprobable y también todo aquello que le está sucediendo a la persona; luego utiliza "me imagino" para referirse al otro. Por ejemplo: ***A*** comienza: "me es obvio que estás vestido de azul, me es obvio que estoy nerviosa"; y dirigiéndose al otro, le dirá: "me imagino que tú estás tranquilo y no te importa que esté nerviosa". ***B*** podría entonces responder: "me es obvio que sí estoy nervioso", "me imagino que no te has dado cuenta porque lo disimulo bien", etc... Se debe tener cuidado con las ideas, pues éstas generalmente son suposiciones sobre los otros, y cuando queremos hablar de otro, para no equivocarse y ser menos interpretador es mejor utilizar "me imagino". (Ver ejemplo en el capítulo VI de presentación de casos, sobre discusión entre participantes).

Este es un buen ejercicio para aclarar conflictos entre dos personas (miembros de un grupo, parejas, padres e hijos, etc.). Cuando dos personas tienen un conflicto o están peleadas, es muy difícil la escucha entre ellos, y sin la posibilidad de escucharse, se dificulta mucho la posibilidad de solución. Algo que dificulta la escucha es culpar al otro, o bien sentirse acusado por el otro. Es muy común que las peleas entre dos personas comiencen por "tú..." y, a continuación, una acusación o afirmación sobre el otro. Y el otro, al sentirse acusado o criticado, tiende a cortar la escucha. En este ejercicio, cada uno de los participantes habla de sí mismo. Lo que a mí me pasa, lo manifestaremos a continuación de "me es obvio", y lo que supongo que le pasa al otro, lo que supongo que siente el otro, o lo que supongo que piensa el otro, se manifiesta a continuación de "me imagino". Lo que me pasa a mí *es obvio*, y lo que supongo de ti *me lo imagino*, pero en ambos casos, estoy

---

[11] Stevens, J., *El Darse Cuenta*, 1976, p. 170.

hablando de mí; de lo que yo siento e imagino. De este modo, en lugar de decir, por ejemplo: "tú no me quieres, y yo me siento sola", la persona puede manifestar algo así como "imagino que no me quieres, es obvio que frente a lo que me imagino me siento sola". Con la primera frase, el que recibe la acusación no tiene más remedio que defenderse de la afirmación "tú no me quieres"; con la segunda frase, es más posible que pueda empatizar con la vivencia de la soledad de la otra persona. Es mucho más fácil poder responder a una suposición sobre mí, que a una afirmación inamovible. Aquí, la tarea fundamental del terapeuta es cuestionar la realidad de lo que afirmo sobre el otro, ya que una forma muy habitual de hacerse trampa, es dando por obvio "sensaciones" que, en realidad, son suposiciones. Por ejemplo, "es obvio que yo siento que tú no me quieres": esta frase es una trampa, pues por mucho que el otro lo niegue, la persona que afirma esto, puede "asegurar" que así lo siente ella. Lo que ocurre es que esta forma de hablar es tramposa, no podemos "sentir" lo que le pasa al otro, para que ello fuera posible, tendríamos que tener una neurona que saliera de nuestro cuerpo y se introdujera en el cuerpo del otro. En realidad, la persona que está haciendo la afirmación "siento que no me quieres" debería decir más exactamente "imagino que no me quieres". Y es muy diferente *hablar de mi sensación* que *de mi imaginación* o suposición. A este tipo de "trampas" el terapeuta debe estar alerta, y mostrar o develar en el transcurso del ejercicio: debe ser una especie de árbitro, para que no se usen las normas del ejercicio de forma equivocada o tramposa.

Gibirish o jerigonza[12]

Objetivos: aprender a comunicarse desde el juego, hablando sin coherencia y sin sentido. Perder el miedo al ridículo. Desinhibirse, soltarse, dejar lo racional de lado. Ejercicio grupal de 15 minutos a 1 hora,

---

[12] Stevens, J., *El Darse Cuenta*, 1976, p. 99.

donde todos los participantes deben hablar y emitir sonidos incoherentes, como si hablasen ruso, japonés, o árabe; en fin, jugando con la jerigonza, hablando algo incomprensible para los demás. Dejando el raciocinio y la lógica de lado, sólo permitirse jugar y disfrutar de las incoherencias y tomando conciencia de cómo se sienten con ello.

Pequeño ejemplo:

A: "Zuliuname zocoto las qpocote zulu zilamine zumbubu..."
B: "Reque tricaricon romalo queteroccaoro bomo ..."

Bubúes y las dificultades en la comunicación

Objetivos: conocer algunas de las principales dificultades de la comunicación.

Para esto, el terapeuta debe leer con voz solemne las instrucciones, y que los participantes escriban sus respuestas en una hoja, como si fuese un cierto examen, no permitiendo que conversen entre ellos.

Instructivo: (se debe leer lo más serio posible, con aire solemne).

"Para hacer este ejercicio necesita un papel y lápiz.

Las instrucciones que les voy a dar *no las voy a repetir*, tampoco responderé consultas. Sólo se debe ejecutar la instrucción, cuando yo haya dicho: Fin de la instrucción".

Instrucción Nº 1
Escriba una "i" pequeña, y póngale un punto.
Fin de la instrucción.

Instrucción Nº 2
Dibuje un círculo mediano para representar un pa-bubú, una má-bubú y un hi bubú.
Fin de la instrucción.

Instrucción Nº 3
Represente con un palito y tres palitos la Santísima Trinidad.
Fin de la instrucción.

Instrucción Nº 4
Usted va manejando un automóvil japonés por calle Alameda. Dobla a la altura de la calle Ricardo Cumming; se dirige hacia el norte, avanza 2 cuadras y dobla en dirección oriente. Continúa 50 metros más allá, se detiene para subir a una persona de sexo femenino de 27 años de edad. En la esquina siguiente, suben 2 varones, profesionales y jóvenes. Avanza tres cuadras, dobla hacia el sur y continúa nuevamente por Alameda; unas pocas cuadras más hacia el poniente, a la altura de Concha y Toro, se detiene para dejar bajar a dos personas de sexo diferente.
Ahora escriba con números árabes la edad del chofer.
Fin de la instrucción.

Una vez finalizado el ejercicio, se corrige en la pizarra o en una hoja, y se les pide que participen, enfatizando la importancia de la diversidad de respuestas, y que no es importante si acertaron o no en la ejecución. Luego, se comenta cada ejercicio, punto por punto, mostrando algunas de las dificultades en la comunicación, tales como: lo que es obvio para el emisor, no es obvio para el receptor; aprender a escuchar; tendencia a terminar o cerrar lo que no se escuchó o entendió bien y así completamos la información; cierre de la gestalt; la tendencia a evaluar, aprobar o desaprobar lo que se comunica. Y, finalmente, la sobresaturación de información, que confunde al receptor.

Ejemplo de corrección:

Instrucción N° 2: *Dibuje un círculo mediano para representar un pabubú, una má-bubú y un hi bubú. Fin de la instrucción.*

Aquí, la gran mayoría, realizará tres círculos: uno que representa al padre, otro a la madre y un tercero, al pequeño... y, si te fijas bien, la instrucción decía dibuja *un círculo mediano*, por tanto, esa será la respuesta correcta. Se trata de que los participantes se equivoquen. Luego, al final de todos los desastre cometidos, se lee lo que corresponde a cada instrucción; en este caso, sería:

Debemos aprender a escuchar y, para ello, es necesario estar sin diálogo interno, ya que éste nos interrumpe... Si tenemos la cabeza llena de ideas, ya no nos cabe nada más, debemos estar vacíos de diálogos, abiertos realmente a la nueva información. Por otra parte, también debemos recordar que, todos, tendemos a terminar lo que no escuchamos o no entendimos bien, y así completamos la información, para lograr un cierre de la Gestalt, organizándolo del modo que creemos y que nos haga sentido. Así, por ejemplo, en el ejercicio N °2, al tener las sílabas iniciales de mamá, papá e hijo (*ma, pa* e *hi*), se tiende a creer que *tiene que ser* una familia, por lo que la mayoría dibujará tres círculos aunque sólo se pidió uno.

Hacer filas o hileras

Objetivos: mejorar la comunicación grupal, a través de la toma de conciencia, poniendo en evidencia lo que esté sucediendo en el grupo, para poder trabajarlo y solucionarlo. También es muy útil, cuando el coordinador de grupos detecta competencias entre los participantes y esta es una manera de ponerlas en evidencia, para trabajarlas y evitar el rompimiento grupal. En este ejercicio, los participantes se deben ordenar entre ellos en forma autónoma, haciendo una fila de *más* a *menos*, en torno a alguna consigna otorgada por el terapeuta, que ponga en evidencia lo que ya está sucediendo en el grupo; por ejemplo, desde el que se considera a sí mismo el más comprometido, desde el que más se muestra, desde el más crítico, el más inteligente, etc. Los participantes, charlan sobre qué lugar cree cada uno que le corresponde, y deben llegar a un consenso, donde cada uno sienta que se encuentra donde debe estar. El ejercicio es muy adecuado, cuando hay conductas que entorpecen la dinámica grupal, pues permite poner el tema abiertamente en el grupo (compromiso, crítica, timidez, etc...). De esta forma, cada miembro asume su propia responsabilidad en la dinámica grupal, respecto a esa característica, y el tema pasa a ser explícito y no implícito. Por otro lado, el hecho de que cada miembro trate de definirse a sí mismo en comparación a los otros, aunque el grupo manifieste que percibe a un participante de forma diferente a como él o ella se ve, es menos confrontador que si son los otros quienes tienen que calificarme u ordenarme en una determinada característica. Y, precisamente, la diferencia entre la autopercepción y la percepción del grupo puede ser un tema interesante de trabajar (grupal o individualmente).

Hablar desde diferentes modos [13]

Objetivos: estos ejercicios sirven para tomar conciencia del modo en que solemos comunicarnos, para así poder mejorar este aspecto, responsabilizándonos, siendo más directos y menos juzgadores.

Para ello, se forman pequeños grupos de 4 a 5 personas y se hace hincapié en establecer la conversación a partir de un modo impersonal, poco comprometido; comenzando las frases con: "siempre", "uno", "generalmente", "todos", etc.

El **Modo acusador**, comenzando frases con "Tú".

El **Modo confluente**, comenzando frases con "Nosotros".

El **Modo responsable**, comenzando frases con "Yo", (me hago cargo de lo mío, del contenido y modo). Es un modo de ensayar estos tipos de comunicaciones y poder autoobservar cómo me siento al usar estos modos, o al "recibir" este tipo de frases del otro, y, al mismo tiempo me permite ver cómo se sienten los demás frente a mis

[13] Stevens, J., *El Darse Cuenta*, 1976, p. 107.

intervenciones, pudiendo darme cuenta y decidir qué tipo de comunicación deseo usar habitualmente.

2. Ejercicios de confianza en el grupo

Representaciones y dramatización en ronda

Objetivos: perder miedo al ridículo, desinhibirse, mostrarse, desarrollar y profundizar la confianza grupal, afianzar vínculos. El terapeuta señala un rol y luego su opuesto; cada participante lo realiza con su propia singularidad, le agrega pone o quita de su cosecha... Por ejemplo: "el bondadoso"… interactúan entre ellos, y luego, el "malvado"… interactúan nuevamente. Libremente deberán ir saliendo al centro, para mostrar su "malvado" y lo representan en toda plenitud, asustando a los participantes. Cada uno debe tomar conciencia de qué elementos le agrega para sí mismo, y cómo se siente en cada uno. Al otorgar los roles se intenta buscar las características con las cuales se pelean más los participantes; es decir, sus propias características negadas. Con este ejercicio, además de la confianza grupal, cada individuo puede descubrir qué aspectos se permite más y qué aspectos se permite menos. Finalmente, y dependiendo cómo se da la situación en el grupo, se pueden formar subgrupos; por ejemplo, con los que se exponen y los que no se muestran, etc., y continuar trabajando con ellos. Es decir, un grupo actuaría como los que se exponen, acentuando esta característica, y el otro grupo, acentuaría el no mostrarse. Después de un tiempo prudente (lo suficiente para imbuirse de esta cualidad), los participantes cambian de rol; es decir, los que actuaron extrovertidos, ahora actuarán introvertidos y viceversa. Uno de los objetivos, será que las personas puedan llegar a disfrutar y ver lo positivo de permitirse ser de cada forma, en especial, si se trata de cualidades negadas en la persona.

Acunamiento grupal[14]

Objetivos: sentir el apoyo grupal y el cuidado que el grupo puede brindar a un participante que lo requiera, en un determinado momento. La persona se pone al centro y entre todos lo tomarán entre sus brazos, entrelazados por debajo del participante, y lo elevarán suavemente; luego lo acunarán con delicadeza y suavidad, para, finalmente volver, con mucho cuidado, a depositarlo en el suelo. Es una posibilidad de manifestar el apoyo y contención del grupo a uno de los miembros (el acunado), lo cual genera mayor compromiso y vínculo entre los participantes. Por otro lado, es importante en personas que niegan o tienden a ver que el mundo y los otros son hostiles, o bien personas que viven como que no son merecedoras del afecto del otro, pues da la posibilidad de que se entreguen al cuidado y atención de los otros, rompiendo esos introyectos negativos.

Caricias grupales

Objetivos: resaltar la confianza y el apoyo grupal. Una persona se pone al centro del grupo, acostada en una colchoneta; el grupo le entrega suaves caricias a través de postura de manos, permaneciendo algunos segundos en contacto. Retirar y contactar: la idea es hacerlo todos juntos, de modo que vaya sintiendo el calor de las manos, y luego, cuando éstas se retiran. Las manos, al contacto con el cuerpo, permanecen quietas, no se trata de sobajear al participante sino de hacerle llegar el calor humano y permitir que experimente el contacto y retirada de las mismas. La utilidad de este ejercicio sería similar al anterior.

---

[14] Stevens, J., *El Darse Cuenta*, 1976, p. 232.

Mono porfiado en grupo

Objetivos: resaltar la confianza y el apoyo grupal. Se forma un circulo pequeño, cuerpo a cuerpo, sin dejar abertura entre los participantes del grupo (si es numeroso, armar dos o más círculos); la persona se pone al centro y se deja caer hacia adelante o atrás... varios la sostienen y lo irán dejando caer suavemente, de un lado a otro, dentro del círculo; siempre seguro de que sus compañeros le reciben y sostienen sin dejarle caer... Se debe hacer en forma muy delicada. Es similar a los dos anteriores, pero sirve más para personas que tienden a desconfiar del mundo como un lugar seguro.

3. Ejercicios de contacto

Objetivos: mejorar el darse cuenta y la toma de conciencia de las propias dificultades en el contacto con el otro; aprender a conocer los propios límites, estableciendo contacto y aprendiendo a retirarse. Los ejercicios de contacto no se deben realizar al inicio del grupo, porque aumenta la paranoia y lo fóbico en los participantes. Es bueno utilizarlos cuando ya se ha establecido la confianza grupal y los participantes se sienten más seguros y tranquilos de acercarse físicamente a los demás. Igualmente, se aconseja ir introduciéndolos lentamente; es muy importante que el contacto surja desde la responsabilidad individual; es decir, que no se haga ni se reciba un contacto mayor al que se quiere, por la presión (directa o indirecta) del grupo o terapeuta. Aquí expongo los más frecuentemente utilizados.

Mirarse y dejarse mirar

Se puede realizar entre dos o en forma grupal, caminando por la sala, libremente, sintiendo su cuerpo, sintiendo su propia respiración. Caminando, mirar y dejarse mirar por el otro. Permitirse aceptar y rechazar a una persona, sin que esto sea algo negativo, tan solo permitiéndose encontrar, o no encontrar, al otro con la mirada. Permitirles que se miren el tiempo que deseen, pudiendo cambiar al destinatario de la mirada cuando quieran hacerlo. Hace posible tomar conciencia de la dificultad de "mirar" realmente al otro y la dificultad de dejarse ver realmente por el otro.

Contacto con las manos

Este ejercicio se hace con los ojos vendados, en parejas dentro del grupo. Se establece contacto con las palmas de las manos inicialmente, y luego está permitido explorar la mano de tu compañero o compañera. El contacto es sólo con las manos y no deben avanzar hacia otras partes del cuerpo. Permitirles explorar las manos del compañero o compañera, con la consigna de que pueden hacerlo hasta que deseen partir. Tomar conciencia de cuánto deseo estar y ser tocado por esas manos, y cuándo deseo cambiar y buscar otra pareja. Tomar conciencia del propio límite y contacto. Como señalamos al principio, es fundamental en este tipo de ejercicios, la responsabilidad y conciencia de mis límites; no se trata de "forzar" el contacto más allá de mis límites, porque me sienta obligado la consigna o la presencia del grupo, pues eso sólo lleva a un contacto "descontactado", al no tener responsabilidad sobre el mismo. Se trata más bien de reconocer mis límites; por ejemplo, temores de tocar al otro y ser rechazado u otro tipo de fantasías que dificulten el contacto con el otro. Y, al reconocerlas, puedo decidir explorar qué pasa y en qué medida puedo explorar un poco más allá de mis temores.

Contacto con las espaldas

De un modo similar al ejercicio anterior, se puede realizar un contacto sólo con la espalda, ya sea sentados, espalda contra espalda, o bien de pie para tener más movilidad, permitiendo explorar sensaciones y el contacto a través de la espalda. El contacto con la espalda es poco frecuente en la realidad; por un lado, es poco intimidante, pues no es cara a cara y es una zona muy poco erotizada, pero al mismo tiempo, permite un contacto muy amplio de una gran superficie corporal.

Masaje tipo Reiki

Sin tocar al otro, con las manos sobre el cuerpo del otro, con suficiente distancia para no tocar y trasmitir la energía y el calor de la mano. Aquí el objetivo no es el del reiki (que sería transmitir y facilitar el flujo energético), sino que sigue siendo un ejercicio donde exploramos las dificultades de tocar y ser tocado. La posición que se da es totalmente activa y comprometida con el cuerpo del otro, y el que recibe está en una posición totalmente pasiva y receptiva. Al no darse contacto real —sólo el calor o la energía—, se puede permitir una exploración sin las dificultades de vergüenza o sin erotizar el ejercicio. Recordamos que son ejercicios de contacto no eróticos.

Masaje en ronda...

Los mismos ejercicios anteriores se pueden hacer en una ronda, es decir, sentados de espada unos con otros, formando un círculo, de modo que a cada participante le toque una espalda frente a él y otra persona detrás, que a su vez, le hará masaje. Con música, se permite el masaje libremente. En los ejercicios anteriores, los contactos son de uno con uno; este ejercicio, en cambio, añade la dimensión del grupo, ya que, mientras masajeo la espalda de un compañero, otro me da un masaje a mí, y además puedo ver cómo soy parte de un círculo de masajes. La experiencia de dar y recibir en grupo, permite matices del contacto que no se dan en los otros ejercicios.

4. Ejercicios proyectivos

Representación de animales

Objetivos: proyecciones, toma de conciencia, darse cuenta. Sirve para saber cómo te ven los otros y la imagen que tienen de ti. Para chequear esa imagen que proyectas y qué tiene que ver eso contigo. Sirve también para limpiar la relación, y aclarar lo que vemos o nos imaginamos del otro.

Un participante sale de la sala, y cada integrante del grupo piensa, sin comentar a otro, qué animal representa al compañero que está fuera; luego entra el participante que estaba afuera, y todos actúan el animal que pensaron, utilizando gestos y sonidos. Se produce un verdadero zoológico al entrar el participante, y es interesante ver cómo hay algunos que, claramente, son representados por animales muy bulliciosos y otros, muy silenciosos. Se chequea previamente cómo se sintió al ser identificado con ese animal, y luego se les pregunta a quienes representaron a los animales qué es para ellos ese animal; qué característica común ve entre el animal que representó y la persona en quien se inspiró. Es importante chequear qué significa cada animal para aquel que lo está dramatizando, pues, por ejemplo, puede estar representando a una participante como una gallina y ésta sentirse ofendida, porque para ella las gallinas podrían ser como cluecas, "copuchentas"; mientras que, para quien dramatiza, podría estar representando la maternidad con los pollitos. En este ejercicio, se puede trabajar qué pasa al participante al percatarse de cómo lo ven los demás (la imagen que tiene de él), y también se puede trabajar con qué tipo de cualidades le llaman la atención cuando representa con animales a los compañeros. En este caso, estaríamos trabajando con los aspectos proyectivos (qué ocurre que me llama la atención tal tipo de características de los otros y qué tiene que ver conmigo).

Roles, dramatización y actuación

Objetivos: trabajar con la proyección, lo que pongo en el otro, lo que no acepto de mí mismo; los "puntos ciegos", como los llamó Perls.

Consiste en la actuación de diferentes roles, que deberán ser representados lo más fiel posible, tanto en la dramatización como en la vestimenta y en los disfraces. Algunas veces, para darle aún más veracidad, salimos durante 1 hora a la calle y restaurante; otras veces, pueden proponerse tareas o juegos, que faciliten la actuación de los participantes, al proponer un tema de interacción entre los participantes. Al representar el rol, es muy importante conectarse con lo positivo que se está representando en ese momento, intentar disfrutarlo, sacarle partido y descubrir qué ganancia puede tener el ser de ese modo. Preguntarse a sí mismo: ¿qué me pierdo, qué estoy botando a la basura, junto con la característica rechazada? Nos involucramos en los roles lo más posible y, por ello, salimos a almorzar o cenar a un restaurante "en rol" y al regreso, comentamos. Los roles son esenciales para trabajar las relaciones familiares: hacer el rol del padre, madre, hermanos etc., es la única instancia en que realmente, durante más de una hora, estoy por completo siendo el otro, y poniéndome en su lugar, lo que permite experimentar vivencias y emociones que trascienden la mera comprensión intelectual.

Es fundamental que, después de representar un rol durante un tiempo largo, se dé la consigna de que los participantes detengan la actuación, se conecten con la vivencia y busquen el rol opuesto al rol que recién actuaron; entonces, se sigue el ejercicio, pero ahora actuando el rol opuesto. Esto permite reconocer aspectos polares de los participantes, y además, tener un contraste de los dos roles actuados que, muchas veces, permite darse cuenta de muchas cosas que sin ese contraste podrían pasar inadvertidas. Por ejemplo, una persona que habitualmente es perfeccionista, y en primera instancia, hace un rol relajado, aceptador de las cosas como son, etc., al retomar el rol opuesto, más similar a su comportamiento habitual, puede percibir lo agotador de la actitud perfeccionista con mayor claridad y, por tanto, el descanso o relajo que puede tener su vida sí incluye más de la primera característica o el primer rol.

Roles con misiones

Objetivos: trabajar con la proyección. Similar al anterior, con la gran diferencia de que el grupo tiene una misión determinada, y que, para lograrla, deben colaborar entre ellos. A cada participante, se le asigna su rol, según su polaridad y, además, se le asigna una misión. La misión se asigna privadamente, sobre todo porque, a veces, deseamos que no conozcan la misión del otro y así no sabrán quién boicotea, quiénes realmente llevan el mando, o simplemente, porque deseamos hacerlos competir entre ellos mismos, para acentuar un rol que jamás se permitirían. (Ver en sesiones de consolidación del grupo, un ejemplo de éstos).

Fantasías dirigidas

Objetivos: explorar, tomar conciencia y profundizar en el trabajo terapéutico. Las fantasías más conocidas son: el rosal, el camino, el niño, la casa, el viejo, la tienda de antigüedades, escultura en el museo. En el capítulo VI de presentación de casos, aparece descrita la fantasía sobre el cuerpo humano llamada "en un viaje a través del cuerpo". Y en el mismo, también encontrarán la fantasía del "tren de la vida", que está en el ejercicio para sanear el niño interno. Las fantasías son un "lienzo en blanco", donde la persona proyecta los temas pendientes y los aspectos negados de sí misma. Sobre un misma fantasía, cada persona en cada momento de su vida, proyectará elementos que reflejan conflictos internos; al trabajar esos elementos proyectados, se puede tomar conciencia del conflicto, y también encontrar vías de solución al mismo.

5. Ejercicios de polaridades

Escultura de polaridades

Objetivos: conocer sus polaridades. Se hace con música y manteniendo los ojos cerrados, para lograr conectarse con el cuerpo, la música y las sensaciones corporales. Desde ahí, se busca encontrar sensaciones opuestas: frío / calor, relajo / tensión, izquierda / derecha etc.; se representa una escultura de cada polo, las esculturas dialogan entre ellas; luego se busca la integración de ambas en una escultura final (ver ejemplo completo en cap. IV). Aprender a distinguir las polaridades que en la persona existen es bastante necesario; es probable que, primero, se conecten con polaridades propias del organismo y ambiente, como frío y calor o relajo y tensión, para ir profundizando, lentamente en las mismas, hasta llegar a nuestra polaridad más caracterológica; aquella que domina o se manifiesta en nuestra personalidad, la que terapéuticamente se deberá abordar para una mayor integración personal.

Presentación de polaridades al público

Objetivos: conocer los aspectos polares más caracterológicos y tomar conciencia de lo positivo y negativo de cada uno de ellos. En un escenario, se ponen dos sillas, una al lado de la otra, frente al público, y cada participante debe subir al estrado a presentarse en cada una de sus polaridades. Se sienta en una silla y, en presente y en primera persona, se presenta; por ejemplo: "soy ***X*** y soy triste, no aparezco mucho, generalmente me esconden y **Z** no me tiene mucha confianza, aparezco", etc. El público tiene derecho a hacer preguntas y conocerlo más ¿Cuándo apareces? ¿Te quieren o no te quieren? ¿Para qué sirves a *Z*? ¿Desde cuándo existes?, etc. Posteriormente, se presenta la otra polaridad y se repite lo mismo. La persona tiene derecho a quedarse en aquella polaridad, que en este momento le sea más ventajosa o le agrade más. La presentación de polaridades en público ayuda a familiarizarse con ésta y, sobre todo, a comenzar a representarla y vivirla, pues no es lo mismo entenderla cognitivamente, que ir sintiéndola y viviéndola. Además, la "presentación" de ambos aspectos polares frente al grupo, permite una mayor aceptación de las características más rechazadas.

Pasarela de personajes

Objetivo: reafirmar una polaridad (anteriormente negada).

Se le pide a una persona que se conecte con la polaridad que le cuesta más aceptar; luego, cierre los ojos y e intente representarla por unos minutos; después, se le solicita que se imagine que una persona importante para él se aparece delante (madre, padre, pareja, hijo, amigo, jefe) y que le cuente a este personaje imaginario: "yo también soy así, sensible, vulnerable, quiero ser así para vivir mejor", etc. Se le pide que vea o escuche la respuesta del personaje (se puede hacer un diálogo imaginario o con cambio de lugar), hasta que el paciente sienta que es aceptado por el otro y si no lo fuera, igualmente el paciente le dice que, aún sin su aceptación, él decide ser también de este modo. Van pasando todos los personajes sean significativos para el paciente, uno a uno; cuando termina uno, se va y se "llama" a otro. Como una pasarela de desfiles, donde lo que se muestra es el nuevo modo de ser del paciente. Una vez que la persona conoce su polaridad y se ha familiarizado con ella, aprende a enfrentarse en su vida cotidiana con la misma, descubriendo lo positivo que ésta le puede entregar en contacto con los demás. Este ejercicio, sirve mucho cuando el paciente empieza a reconocer y validar las características de un polo que anteriormente rechazaba, ocurre que, muchas veces, la persona teme el rechazo de los otros, si muestra esta faceta de sí mismo. Así tiene la vivencia de mostrarse (psicodramáticamente) frente a los otros; en esta presentación, puede ocurrir que el personaje imaginario acepte o rechace esta cualidad, que el paciente está asumiendo y presentando; en el caso de que aparezca rechazo, el terapeuta debe tratar de potenciar que el paciente valide esta cualidad de sí mismo frente al otro, más allá de la no aceptación.

Vender los defectos

Objetivos: asumir positivamente características rechazadas.

Primero, se anotan todos los defectos de cada uno en una hoja personal, se escogen los cuatro más grandes o que representan mayores dificultades en las relaciones interpersonales. De a uno, van vendiéndole a los otros sus defectos y, para ello, tienen que encontrar el lado positivo de éstos y presentarlo de forma tan atractiva y ventajosa, que los otros participantes quieran comprar esa cualidad; al final, la persona menciona qué defecto estaba vendiendo. No importa que se repitan los defectos, porque cada uno le da un sentido diferente a lo que vende. (Ver capítulo IV sobre trabajos grupales). Este ejercicio, ayuda tanto a ver lo positivo de aquello que no nos gusta de nosotros mismos, como también ayuda al terapeuta a conocer aspectos positivos de cualquier característica, sobre todo cuando, en silla caliente u otra ocasión, debe ayudar al paciente a encontrar algo positivo, en las características que generalmente son rechazadas en forma unánime, tales como la mentira, el egoísmo, el miedo y otras.

Héroe, sabio, demonio interno

Objetivos: Darse Cuenta. Trabajo con polaridades.

Se explora en uno mismo, en búsqueda de nuestros personajes internos; se dibujan, se pintan, se moldean, se representan, se les pone movimiento, con música, y luego se facilita el encuentro. Se presenta un ejemplo de éste en el capítulo VI de presentación de casos, en trabajo con polaridades, llamado "taller del ángel y el demonio".

6. Ejercicios de familia

Listado de lo que rechazo

Objetivos: tomar conciencia de lo que se proyecta en el otro. Cuánto lo rechaza y cuánto tiene que ver él. Hacer una lista con lo que más rechaza en los demás, especialmente con su familia, padre, madre, hermanos, etc., pensando en cada uno ellos, uno por uno. Cada participante leerá su lista. Posteriormente, marca aquello que menos tiene que ver con él. Este punto es probablemente el punto ciego, aquello que no reconoce en sí mismo, pero que si aparece en su lista, es porque probablemente se está peleando internamente con esa característica, para no ser de ese modo en su vida y lo más probable es que se esfuerce por ser el opuesto. Posteriormente, se asignan roles de la característica rechazada. Es decir, puede actuar directamente como ese familiar, o bien si se desea mostrar esa característica acentuada y verla en su esplendor, puede actuar como un personaje histórico que tenga esa característica y que le sea útil. Por ejemplo: ser autoritario y representar a un dictador. Como siempre que hacemos roles, después de un tiempo largo experienciando (y ojalá disfrutando) de ese rol rechazado, le pediremos a los participantes cambiar de rol e interactuar nuevamente, desde el rol opuesto al primero. Esto permite un mayor darse cuenta, por el contraste, y además, una experiencia final del ejercicio mucho más integrada.

Realización de roles

Objetivos: trabajar con la proyección, lo que pongo en el otro, lo que no acepto de mi mismo. Los puntos ciegos de cada uno. La reconciliación, al ponerse en el lugar del otro.

Siempre y más allá de si existe conflicto o no con ciertas características de nuestros familiares, es bueno realizar la representación de roles de padres, madres, parejas, hermanos, hijos, abuelos. Esto nos ayuda a limpiar la relación con nuestros seres cercanos, con quienes nos encontramos día a día, y de quienes, probablemente, nos cuesta entender ciertas actitudes. Al representarlos, estamos poniéndonos en la postura y mirada del otro frente a la vida, estamos tomando su lugar, e intentando sentir como ellos. Aumenta la empatía y, a la larga, genera mayor compromiso y comprensión por el otro. Para ello, por ejemplo, podemos realizar un encuentro social real, en alguna casa o en el centro terapéutico, donde podemos hacer una cena en que se encuentran todos caracterizados de abuelos, y se presenten y se conozcan como tales, lo que hará surgir afinidades y dificultades. A diferencia del ejercicio anterior, en que nos centramos en una cualidad rechazada de alguno de nuestros familiares; en este ejercicio, nos centramos directamente en actuar como uno de los miembros de la familia, tratando de no hacer una caricatura grotesca, sino tratando de "vivir en el pellejo del otro".

Discusión en familia

Objetivos: buscar entre todos, una solución creativa a situaciones complejas que se dan en familia. Cada participante, va a escoger ser un miembro de una familia ficticia: padre, madre, hijo o hermano; y esta elección la realizará según el grado de dificultad que tenga, en ese momento, con ese familiar. Se formarán familias ficticias, y cada una comenzará a actuar, según sean los personajes reales que estén representando. Se observa qué tipo de familia se está dando, y cuáles son sus personajes. Es probable que se den muchas y variadas situaciones: madres sumisas, padres autoritarios o viceversa; madres "hinchapelotas" y padres jodidos, etc., y además, hijos difíciles o complejos. *Veremos cómo lo resuelve cada familia,* y si es que lo resuelve, y qué aprendizaje saca de esta experiencia.

Este ejercicio está detallado en este manual, en el capítulo IV sobre trabajos grupales.

Representación de una escena familiar cotidiana y real

Objetivos: trabajo con la proyección y toma de conciencia de las relaciones que establece con los miembros de su familia. Qué hace él para mantener este tipo de relación y cómo puede cambiar esto. Se reproduce, al centro, una escena típica actual de la familia real del paciente. Para ello, el paciente debe seleccionar a otros integrantes que representen a sus familiares, hermanos, padres, etc., y a cada uno de ellos, le va a dar una frase típica de su familia real, que deberán memorizar y repetir, cuando se les pida. Primero, la escena se realiza en silencio; luego, se le pide que repitan una y otra vez la frase, a modo de saturar al paciente, con lo dicho por cada uno de los miembros de su familia. Observar la reacción del paciente, y observar qué hace él frente a todo esto. Luego, preguntar ¿Cómo te sientes? ¿Qué harías para cambiar esto? Pedirle que realice lo que está pensando… y observar cómo lo hace. Aquí es esencial observar si se modifica a sí mismo primero, o si está siempre esperando que los otros cambien primero que él. Finalmente, indagar cómo se sintió, y cómo se siente ahora con esta posible solución.

Fotografía familiar

Objetivos: trabajo con la proyección y otros mecanismos de evitación del contacto. Toma de conciencia. Similar al anterior pero más rápido y simple.

Teniendo en las manos una fotografía de su familia, se debe intentar representarla con los participantes del grupo. Se les ubica en el espacio poniéndole una frase a cada uno. La idea es observar y escuchar, siendo parte y también observándola desde fuera… dar el tiempo para que pueda captar aquello que no le gusta o incomoda de su fotografía. Finalmente, se pregunta: ¿qué harías para cambiar esto? Finaliza igual al ejercicio anterior.

Esculturas de parejas

Objetivos: trabajo con la proyección y mecanismos de evitación de contacto. Toma de conciencia de cómo es él y cómo es el otro, qué espera cada uno de la pareja. Cada uno (hombre y mujer) debe pensar e imaginar situaciones que representen diferentes momentos de la pareja, tales como: el mejor momento de la pareja; el momento actual; la situación o momento ideal y, finalmente, el peor momento que hayan vivido. En cada uno de estos momentos, deberán fijarse en la mayor cantidad de detalles posible: ¿dónde están? ¿Cómo está cada uno?, ¿qué hace?, ¿qué dice?; como si pudiéramos detener la escena en un punto, congelarla, como una fotografía. Se les da tiempo para representar cada escena al centro uno a uno; es decir, el mejor momento de ella y el de él; luego, el momento actual de ella y el de él... así, sucesivamente, irán representado la escena con todos sus detalles, gestos miradas, otras personas, etc. Se deja para el final el peor momento de la pareja, y una vez realizado, les volveremos a pedir que lo haga cada uno, poniendo un sustituto de sí mismo en el lugar, y se le pedirá que la observe desde fuera y se le preguntará cómo lo modificarían o cómo la solucionaría. Se le pide a ambos que lo hagan sin comentar nada y, finalmente, se les da el *feedback* de lo realizado. (Ver un ejemplo de un trabajo completo en capítulo VI de presentación de casos).

El ejercicio permite comparar desde la imagen cómo pueden existir visiones o valores muy disímiles; por ejemplo, un miembro de la pareja, puede representar el ideal de la pareja con ambos muy cerca, casi fusionándose, y centrándose en ellos; y el otro, puede representar el ideal con los dos, tomados de la mano, pero abiertos y corriendo hacia el mundo, o incluso, que el peor momento pudiera tener una dinámica parecida al mejor momento del otro... Esto permite poner en relieve visiones de mundo diversas, que a veces se viven como un rechazo y generan conflicto, en lugar de reconocer las divergencias entre ambos como algo posible, y no dañino.

Introyectos maternos y/o paternos

Objetivos: conocer introyectos. Lista de "deber ser" ¿cuáles de estos son introyectos? El ejercicio consiste en identificar los introyectos, conversando sobre los mismos, respondiendo preguntas, realizando una representación de ellos o del modo de ser cuando éstos se manifiestan y, finalmente, tomar de conciencia y decidir si deseo continuar usándolos. Por ejemplo:

- Qué "deber ser" identificas en tu padre o tu madre: por ejemplo, "debes ser autosuficiente, debes ser atento con los demás". (Los introyectos pueden ser verbales, gestuales, corporales, modos de ser y pueden ser explícitos o implícitos).
- Con cuáles de estos introyectos te identificas y con cuáles no compartes (comenta ambos y, sobre todo, aquellos que no compartes, si de igual modo te sientes obligado a ello).
- Realiza el ejercicio de roles, y luego responde: ¿Qué me sucede? Cómo me siento al verme enfrentado a los introyectos de mis padres? ¿Qué tienen que ver conmigo? ¿Me siento obligado a esto o puedo escoger dejarlos de lado?

7. Ejercicios para profundizar en sensaciones y emociones

Aprendiendo a entrenar los sentidos

Objetivos: se pretende que el paciente despliegue un esfuerzo, para que intente desarrollar su percepción afinando y agudizando sus sentidos, haciendo de esta percepción algo activo, no pasivo, como si fuera un ciego y que todo dependiese de sus otros sentidos. También se pretende enseñarle a responsabilizarse por lo que siente.

Se le pide que cierre los ojos y atienda a los sonidos que puede percibir, lejanos o cercanos, suaves o intensos, lo mismo con los olores, presión y calor en la piel.

Aprendiendo a desarrollar la escucha interna

Objetivos: que el paciente sienta y tome conciencia de su respiración, sus latidos, los sonidos de su estómago, el silencio interior, sutil percepción de sus sensaciones corporales internas, viscerales, óseas y musculares, aprendiendo a escuchar el diálogo interno, y también a escuchar el silencio, desarrollando un mayor autoconocimiento.

El primer paso para incrementar la capacidad del darse cuenta, es la percepción sensorial y propiosensorial. Estos dos ejercicios, al ejercitar la atención deliberada a las sensaciones externas del entorno y las sensaciones internas del propio organismo, la persona va desarrollando las bases fundamentales de la capacidad de darse cuenta de sí mismo.

Ahora me doy cuenta[15]

Objetivos: se pretende que los participantes presten atención continua a lo que aparece en su flujo de conciencia, pero centrándose en los estímulos sensoriales externos y, principalmente, en los estímulos sensoriales internos.

En parejas, durante un tiempo largo (mínimo 20 minutos), uno de los participantes cierra los ojos, y va relatando al otro el continuo de conciencia ("ahora me doy cuenta de una molestia en las espalda, ahora me doy cuenta de una sensación difusa en la boca del estómago"). La persona que escucha se limita a ser un elemento de recepción y, a veces, se le puede dar instrucción, para que facilite que el que está ejercitando su continuo de conciencia, se centre en las sensaciones

---

[15] Stevens, J., *El Darse Cuenta*, 1976, p. 21.

internas más que en el exterior o incluso más que en los pensamientos.

La idea es describir lo que voy descubriendo en mi sentir interno; poco a poco, las personas suelen terminar focalizadas en sensaciones internas que pueden ser relevantes en su momento actual. Primero, ayuda a reconocer cuál es mi figura organísmica, y segundo, el propio organismo puede mostrar algunas soluciones posibles; por ejemplo, sentir una sensación en el estómago (que se relaciona con la pena) y al focalizarla, la persona se conecta con las ganas de llorar.

Lluvia de imágenes o sensaciones en dibujo

Objetivos: ampliar el darse cuenta.

Se le pide a cada paciente que se conecte con un tema que le haga sentido (o lo propone el terapeuta) y empezar a dibujar lo primero que se le ocurra, pero como un diseño rápido. También pueden aparecer recuerdos o imágenes, que plasmará rápidamente en otra hoja; así, va llenando papeles como una lluvia de ideas, pero no de conceptos, sino de colores, imágenes y palabras sueltas.

Al final, cada paciente, intuitivamente, se irá conectando con estas hojas y va a ir armando un solo dibujo o montaje (*collage*). Finalmente, cuenta al grupo sobre su "obra", también se puede trabajar como un dibujo. El propósito de este ejercicio es permitir formar una figura más compleja, desde elementos simples, que pueden parecer inconexos. Además, el ejercicio trabaja desde el hemisferio izquierdo, no verbal; con lo que los elementos que aparecen, son más intuitivos, sin estar sujetos a "teorías" y "autoexplicaciones".

Escenario de situaciones pendientes

Objetivos: ampliar el darse cuenta y cerrar situaciones pendientes.

Todos los participantes cierran los ojos. A cada participante se le pide que se conecte con la primera sensación o figura que se le aparezca (puede ser un recuerdo, una situación pendiente con un familiar, una sensación de angustia...). Cuando reconoce su figura, la describe, le inventa una forma imaginaria que la represente (por ejemplo, a una angustia en el pecho, le puede dar una forma de piedra negra, o una forma de tormenta...) y, a continuación, deja "guardado" este elemento en alguna parte alrededor suyo, como si fuera ubicando cada elemento en un gran escenario; puede que escoja dejarlo cerca, al frente, o lejos, a un lado... Cuando ya lo dejó en el escenario imaginario, sigue con la siguiente figura que surja, hasta que sienta que ya está todo. En ese momento, el paciente tiene repartido en un escenario imaginario, alrededor suyo, una serie de elementos imaginarios, y cada uno representa una figura relevante para él. A partir de ahí, se las examina una a una. Se ve cómo el participante desea modificarlas o solucionarlas; por ejemplo, puede escoger tomar un elemento y transformarlo (darle otra forma imaginaria), y decidir cómo lo va a llevar consigo (por ejemplo, la angustia con forma de tormenta, puede decidir convertirla en algodón de azúcar y llevarla en las manos). Así, el paciente va enfrentando cada situación que estaba en alguna parte del escenario, y debe solucionarla cambiándola de forma, y decidiendo cómo se la lleva encima. Para volver a comenzar, el escenario de su vida debe quedar vacío nuevamente: no debe dejar nada allí. Este ejercicio está desarrollado en el capítulo VI de presentación de casos.

8. Ejercicios de resolución de conflictos (grupos, familias, parejas)

Objetivo: evidenciar manipulaciones y juegos de poder, resolver conflictos, tomar decisiones, toma de conciencia "qué hago y cómo".

Se plantean situaciones difíciles, que tendrán que enfrentar y solucionar. Observar cómo lo hacen para salir de la situación. Preguntas posteriores; ¿qué sucede?, ¿qué sientes cuando estás en algo así?, ¿cómo actúas?, ¿qué sucede con el otro?, ¿qué sucede con el grupo? ¿quiénes tomaron las decisiones?, ¿de qué modo las tomaron?, ¿cómo te sientes con esto?, etc.

La Isla. Ejercicio tipo "reality show"

Se plantea una situación imaginaria: se ha producido un accidente cósmico, espaciotemporal, y ustedes se han perdido y caído en algún lugar de una isla en el trópico. Aparentemente, se encuentran solos y completamente incomunicados con el mundo externo. Deberán pasar juntos aquí **tres años reales,** antes de que los regresen a sus lugares de origen, y cumplir las siguientes condiciones:

- Deben sobrevivir lo mejor posible, pues la vida debe continuar similar a la tierra; es decir, deben organizarse para comer, dormir, hacer sus necesidades, todo lo más similar a las condiciones de la vida real... imaginando que serán 3 años.
- El espacio físico en que se encuentran, está dividido en:
  - lago con peces,
  - tierra cultivable,
  - bosque,
  - terreno sin cultivar.
- El clima es tropical: sol calor y lluvias repentinas.
- Hay una voz, que les irá relatando el paso del tiempo y dará ciertas instrucciones que deberán seguir (Terapeuta).
- Por consenso, pueden escoger un máximo de 10 objetos, que estarán a su disposición (ver lista); tienen 5 minutos para la elección personal, y 10 minutos para la elección grupal.

Según los ítems no escogidos en la lista, se presentarán los problemas, que, en lo posible, reflejen el tipo de problema que ellos manifiestan en sus vidas reales.

Preguntas para comentar en grupos chicos: ¿Cómo te sentiste al participar en este juego?... ¿fuiste tomado en cuenta?, ¿te sentiste un poco pasado a llevar? O ¿que no te tomaron en cuenta? ¿Te imponías en las decisiones o no te notabas? ¿Qué pasó contigo cuando vino el conflicto? ¿Con qué vivencia te conectaste? **¿Qué características tuyas aparecieron en esta situación**? Piénsalas con detención… ¿este modo de actuar te recuerda algo… cuando chico, u otros momentos? ¿Con qué sensación te quedas? ¿De qué te das cuenta?

Situación ficticia en familias

Se debe realizar con parejas reales, los hijos serán otros participantes que no hayan asistido con sus parejas. Se forman las familias, con padres e hijos; los padres serán las parejas reales. A cada familia le llega una carta y en ella está justo aquello que más tiende a atormentar a la pareja. Por ejemplo, un viaje forzoso del marido al extranjero, dejando por meses a la mujer sola. El terapeuta entregará las cartas, y ellas contendrán las problemáticas, que se vieron reflejadas durante el transcurso del grupo. Los hijos actuarán como hijos, y pueden favorecer o entorpecer libremente el propósito. Los personajes, en roles, deberán solucionar el conflicto por sí mismos.

Con el ejercicio pretende producir situaciones imaginarias de conflicto, para observar los procesos que sigue cada uno de los componentes de la pareja para enfrentarlo, y el tipo de relación que establecen, y así poder reconocer los procesos individuales o de relación de la pareja, que favorecen el conflicto (para poder evitarlos), y reconocer aquellos procesos individuales o de relación de la pareja, que favorecen el encuentro o la solución de los problemas (para favorecerlos).

Ejercicios para resaltar lo que sucede

Objetivos: resaltar lo obvio y solucionar conflicto.

Como por ejemplo, el Sociograma en modo gestáltico. Cabe mencionar, que el sociograma es una **técnica psicométrica muy conocida**, y que se aplica en diferentes ámbitos de la psicología; por ejemplo, en el ámbito organizacional, en psicología educacional, etc. Constituye un instrumento eficaz para conocer las relaciones sociales internas que se dan en el grupo aula, y que, a simple vista, pueden pasar inadvertidas. El objetivo de conocer estas dinámicas sociales, es intervenir para prevenir y/o modificar situaciones conflictivas, que se puedan presentar. Sirve para explorar el grado de cohesión, y la forma de estructura espontánea de un grupo, y también permite detectar el grado en que los individuos son aceptados o rechazados, en un grupo. Se realiza mediante preguntas sencillas, realistas y concretas, que pueden tener carácter positivo o negativo, para que se visualicen de una forma práctica, los resultados mediante círculos-triángulos-flechas, en un diagrama expuesto a los participantes.

El sociograma en modo gestáltico consiste en que los propios participantes, señalarán los ítems que le puedan estar causando problemas o incomodidad en el grupo; por ejemplo, las críticas, los retrasos, el hablar mucho, la falta de compromiso, el salir siempre al centro, etc... éstos luego serán seleccionados, en consenso, por todo el grupo. Entonces, se les pide que caminen libremente por la sala, y el terapeuta tomará una a una la lista, y entonces comenzará con la consigna "escojan a un solo compañero y pónganle la mano sobre el hombro, para señalar, por ejemplo, quién es el más crítico". Una vez que todos hayan tomado a un compañero, se quedan estáticos y, uno a uno, darán el *feedback* de cómo se sienten ahí... ¿Se reconocen en ese lugar?, ¿se sienten sorprendidos?, ¿es lo que esperaban? ¿Y qué sienten con ello?

Es el momento de aclarar con sus compañeros, hasta limar todas las asperezas que vayan surgiendo del ejercicio, y para ello, la intervención del terapeuta será esencial.

9. Ejercicios corporales

Existen muchísimos ejercicios corporales, y en los grupos se utilizan, sobre todo, para activar o energizar el grupo. Entre ellos, están las caminatas de diversos modos: cansados, tristes, enojados, descargando con los pies, pisando débil, fuerte, etc. Así como la gran diversidad de ejercicios de activación, también existe una enormidad de ejercicios corporales, para desbloquear tensiones, relajar, tomar conciencia corporal, para conectarse mejor con el otro, etc. Muchos de ellos se realizan con música, incluso con instrumentos, como tambores, u otros objetos.

Aquí relataré dos ejercicios muy simples que solemos hacer en nuestro centro.

Activación corporal conectando con los cuatro elementos: Automasaje

Objetivos: tomar conciencia del propio cuerpo, sensaciones y emociones. Comenzaremos desde abajo, desde la tierra, visualizando la tierra —tomando contacto con las piernas, sintiéndolas, moviéndolas, permitiendo que la energía suba desde la tierra, y recorra desde el pie hasta las nalgas. Con movimiento enérgico de manos, haciendo movimientos circulares, la idea es ir movilizando la energía del cuerpo; primero, a través del movimiento de las manos, a la altura de los pies y piernas (elemento tierra) y luego subiendo. Nos mantenemos ahí unos minutos.

Luego, nos conectamos con el elemento agua, visualizando el agua —y tomando contacto con nuestro abdomen y tronco. Con el mismo movimiento, como masajeando el cuerpo, subimos a la zona del vientre, abdomen y pecho (elemento agua), tomando conciencia de aspectos emocionales.

Así, sucesivamente, con el fuego-dorso, y finalmente el aire-cabeza. Seguimos subiendo a la zona de los hombros y la cabeza (elemento aire), y proyectamos el movimiento hacia arriba, como queriendo tocar el cielo, alcanzar algo preciado, un proyecto. Nos empinamos, saltamos buscando alcanzar ese algo que deseamos, y simulamos tenerlo atado de una cuerda, con la cual intentamos bajarlo.

Luego, nos devolvemos siguiendo el camino a la inversa, pasando por el aire, el agua, y volviendo nuevamente a la tierra (quizá para tomar y llenarnos de energía de la tierra, finalmente).

Puntos de colores en el espacio
Materiales: Música suave y alegre

Objetivos: tomar conciencia del propio cuerpo y movilización grupal.

Se les pedirá a los integrantes del taller que se pongan de pie y que observen la sala, primero, con los ojos cerrados, y luego semicerrados. Se les señala que, poco a poco, aparecerán distribuidos por la sala, puntos brillantes que estarán por todo el lugar. Estos puntos, pueden ser de distintos tamaños, unos más brillantes que otros, y de diversos colores. Lentamente, los participantes comenzarán a moverse por la sala, con sus ojos semicerrados, y tomarán aquel punto que más les haya agradado y comenzarán a desarrollar un dibujo con él, dejando que el punto también les oriente. Pueden ser formas definidas o abstractas; lo importante es dejarse llevar por las sensaciones que van emergiendo. Luego de un rato, pueden volver a dejar el punto en el mismo lugar de donde lo tomaron, y elegir uno nuevo, para continuar con su dibujo. Pueden escoger uno que haya utilizado otro u otra participante, sin importar el color, brillo o tamaño con que cada uno lo haya percibido.

Al finalizar, los participantes deberán dejar el punto que están utilizando, en el lugar en que se encontraba al tomarlo, y se quedarán en el lugar donde terminaron su dibujo.

Capítulo VI

Presentación de casos

Los casos presentados son, en su mayoría, de profundización terapéutica y corresponden a trabajos individuales realizados al centro del grupo; también, a ejercicios de dinámica de grupos propiamente tal, creados para mejorar el ambiente grupal o evidenciar algún problema que se estuviera manifestando, o ejercicios grupales que se realizaron con algún fin terapéutico determinado. Se describen sólo algunos casos, pretendiendo que sean demostrativos de la enorme riqueza que representa un grupo terapéutico.

En estos grupos, se trabaja absolutamente de todo, duelos, separaciones, sueños, cáncer, colon irritable, violaciones, problemas laborales, de pareja... en fin, hay tanta variedad de trabajos, como personas en el grupo presente y, si bien algunos temas se pueden repetir, siempre nos remiten a vivencias distintas y modos de enfrentar diferentes, pues se trata de personas diferentes.

1. Escenario de "situaciones pendientes" con Carolina (26 años)

En este trabajo, aparece la situación inconclusa de un duelo de la paciente, que desconocíamos, pues no lo había mencionado en su presentación. Usualmente, estos casos se trabajan en una sesión exclusiva dedicada a recrear la muerte, las últimas horas, la causa de muerte, lo que no se dijo entre ellos, la despedida, etc. Esto se hace con una persona que hace de vivo, y luego, de muerto, hasta llegar al mismo entierro y dejarlo partir. En esta ocasión, este duelo se trabajará de un modo distinto al habitual: lo trabajaremos siguiendo la técnica que desarrollaré a continuación, que, una vez más, me confirma que es muy útil para situaciones pendientes.

Carolina: participa en un grupo terapéutico. En este período de su vida, se encuentra bastante bien; vive sola, está pololeando con un chico que vive en una ciudad cercana. En estos momentos, antes de comenzar el relato, sólo manifiesta mucho agotamiento, debido al constante traslado de ciudades, pues vive en una ciudad, trabaja en otra, y su pololo vive en una tercera. En anteriores ocasiones, a pesar de no haber motivos aparentes, se le ha visto cansada, desanimada y en constate queja, como disconforme… como niña pequeña que nunca se llena. Entonces, decidimos explorar las situaciones que puede tener pendientes.

Se le pide a Carolina que cierre los ojos, se ubique al centro de la sala, y se imagine que se encuentra en un gran escenario vacío. Una vez ahí, se le pide que se conecte con las situaciones de su vida que han quedado pendientes. Se le pide que, una a una, se conecte con ellas, las visualice y se conecte con la sensación que cada una de éstas le provoca. Se le solicita que se permita sentirlas en silencio y le dé una forma concreta a la sensación con que se queda, de cada situación. Finalmente, cuando pueda, representará en el escenario, utilizando objetos y /o personas, lo que desee, que le sirva para poner en escena la situación.

1ª ESCENA: ella, al centro del escenario, sobre un pedestal, mirando hacia abajo a su pololo y diciendo "yo hago lo que quiero", con actitud prepotente. Esta escena tiene relación con la situación actual, donde ella se ha involucrado en demasiados proyectos, viajes y tránsito por distintas ciudades y, de algún modo, el pololo la requiere más a su lado de lo que ella está.

2ª ESCENA: sentada en la escalinata, a la salida del hospital donde murió su hermana de 11 años. No quiere ir a verla, ella está en la UTI y se va a morir…, se recrimina por pensar que es mejor que muera. En la escena está ella, sentada sola, y detrás de ella, al fondo, ve a su hermana en una cama en la UTI. Ella le da la espalda. Esto realmente le sucedió cuando ella tenía 19 años.

3ª ESCENA: ella está frente a sus papás, y se ve a sí misma más abajo que ellos, como si fuese pequeña; sin embargo, es la misma de hoy… ellos están tan alto, que no la ven, hablan entre ellos y no la ven ni la escuchan… ella hace señas para que la vean, pero nada… entonces, les dice: "preocúpense de mí", pero, aun así, no la ven. Esta escena tiene relación con la sensación que le producen sus padres, que es como si no la vieran.

Una vez relatada y mostrada en el escenario cada situación, se le pedirá que vuelva a representarla, una a una; pero, esta vez, *con toda la intensidad de emociones y sensaciones, hasta que logre representar lo más fielmente la situación, como si estuviese ocurriendo en el presente.* Una vez en ese estado, se le plantea: "¿cómo puedes solucionar esto? Es el escenario de tu vida y tú lo puedes cambiar, como tú desees; puedes transformarlo, adaptarlo, modificarlo… lo que tú desee; es tu escenario, y tú eres la protagonista y directora… ¿qué vas a hacer?"

Luego, se conectará con la siguiente situación (o figura) y se hará el mismo proceso todas las veces que sea necesario. Se pone atención en lo que va realizando y en cada cosa que queda en el escenario, y se le hacen comentarios. Respecto a estas cosas que pudieron quedar en el escenario, se le preguntará qué desea hacer con ellas, recordándole que en cada situación *no puede dejar nada en el escenario;* debe dejar el escenario vacío, sin elementos: "es el escenario de su vida y debe quedar en limpio para seguir la vida". Para ello, puede ir cambiando los objetos y ver cómo los coloca. Por ejemplo, respecto a una preocupación por un evento futuro y lejano, puede decidir "doblarla" y dejarla en su bolsillo para sacarla más adelante. O bien, si se trata de una pena muy importante, puede decidir tomarla en sus brazos y acunarla, etc. Finalmente, recupera todo, responsablemente y dándole un espacio consciente, que le deje bien.

1ª ESCENA: ella, al centro del escenario, sobre un pedestal, mirando hacia abajo a su pololo y diciendo "yo hago lo que quiero", con actitud prepotente... (lo revive)

Terapeuta: ¿Cómo puedes solucionar esto? Es el escenario de tu vida y tú lo puedes cambiar, como tú desees, puedes transformarlo, adaptarlo, modificarlo... lo que tú desees... es tu vida, tú eres la protagonista... ¿qué deseas hacer con esto?

Solución: ella se baja del pedestal, en silencio, mira a su pololo a los ojos y detiene la mirada en él... Dice que su pololo también la mira a ella y que se están comunicando, lo toma de las manos y caminan juntos, hacia una salida común.

Terapeuta: ¿Qué harás con el pedestal?... no puedes dejar nada en el escenario de tu vida... no debe quedar nada pendiente.

Ella lo toma, y, a pesar de su peso, lo carga y decide sacarlo a la basura; dice que hay una puerta en el escenario, y detrás, el depósito de basura... lo deja ahí (fuera de la habitación donde nos encontramos).

Terapeuta: has finalizado.

Carolina: sí.

Terapeuta: ¿De qué te das cuenta?

Carolina: el mensaje es claro, debo bajarme del pedestal y, ojalá, no subirme más y estar más de iguales con mi pareja, así nos comunicaremos mejor.

2ª ESCENA: sentada en la escalinata, a la salida del hospital donde murió su hermana de 11 años. No quiere ir a verla, ella está en la UTI y se va a morir... y se recrimina por pensar que es mejor que muera. En la escena está ella sentada sola y detrás de ella, al fondo, ve a su hermana en una cama en la UTI. Ella le da la espalda. (Lo revive).

Terapeuta: ¿Cómo puedes solucionar esto? Es el escenario de tu vida y tú lo puedes cambiar, como tú desees, puedes transformarlo, adaptarlo, modificarlo... lo que tú desees... es tu vida, tú eres la protagonista... ¿qué deseas hacer con esto?

Solución: ella se gira, mira hacia donde está su hermana. Se pone de pie y decide entrar a la habitación donde se encuentra, camina, llega hasta ella, está su hermana en la cama (se ha puesto una colchoneta en el suelo y un cojín grueso que representa a su hermana).

Terapeuta: ¿Qué vas hacer ahora con tu hermana que está ahí?

Carolina: voy a despedirme de ella.

Se arrodilla al costado de la colchoneta y acaricia el cojín, como su fuese su hermana, llora, está muy triste y todos los participantes del grupo lloran a su vez. Es una escena de mucho dolor. Le habla, se despide y le explica que ya no podrán estar más juntas... toma el cojín entre sus brazos y le dice que la quiere, es muy conmovedor... Se le deja el tiempo necesario para que le diga lo que desea... no son tantas las palabras, es más la emoción.

Terapeuta: entre tus brazos está tu hermana, ¿qué vas a hacer con ella? No puede quedarse para siempre, tú sabes que ella va a morir… ¿qué deseas hacer?... ¿Puedes dejarla partir? Sabes que no puedes dejarla aquí en tu escenario… puedes hacer lo que desees...

Carolina: sí, puedo dejarla partir… (Silencio) Sin palabras, deja el cojín en su sitio (la cama) y luego hace un gesto, como de tomarse el pecho…

Terapeuta: ¿Se ha ido, murió?

Carolina: sí.

Terapeuta: me puedes decir qué has hecho, ¿cómo es que la has dejado partir? Hazlo nuevamente y me lo relatas, por favor.

Carolina: me he despedido y ahora la dejo en su cama, su cuerpo se transforma en una mariposa y se va volando, y su ser se ha transformado en una luz y ha entrado en mi pecho… Ahora estoy con ella dentro de mí.

Terapeuta: ¿Entonces, puedes contarnos cómo finaliza esta escena?

Carolina: el escenario ha quedado vacío, al fin me he despedido de mi hermana, lo que nunca antes pude hacer, y ella se ha transformado en mariposa y su esencia se ha convertido en una luz que ahora llevo dentro. Estoy muy emocionada, como agotada, pero en paz. Muchas gracias.

Terapeuta: gracias a ti por compartir este momento tan importante para ti, con cada uno de nosotros.

3ª ESCENA: ella está frente a sus papás, y se ve a sí misma más abajo que ellos, como si fuese pequeña; sin embargo, es la misma de hoy. Lo representa poniéndose en cuclillas. Los padres están tan altos que no la ven, hablan entre ellos y no la escuchan. Ella hace señas para que la vean pero nada... ella les dice "preocúpense de mí", pero no la ven. Esta escena tiene relación con la sensación que le producen sus padres, como si no la vieran.

Terapeuta: ¿Cómo puedes solucionar esto? Es el escenario de tu vida y tú lo puedes cambiar, como tú desees, puedes transformarlo, adaptarlo, modificarlo... lo que tú desees... es tu vida, tú eres la protagonista... ¿qué deseas hacer con esto?

Solución: ella está en cuclillas, los mira a ellos, y de pronto se pone de pie y les dice: "crecí". Los mira a los ojos a los dos.

Terapeuta: ¿Y ellos qué hacen cuando tú los miras a los ojos?

Carolina: ellos me miran.

Terapeuta: ¿Sientes que te están mirando de verdad?

Carolina: sí, me están mirando y nos comunicamos, me escuchan. Siento que ahora puedo dejarlos que se vayan. Ellos se van lentamente de la escena, salen por la puerta y se van a su casa. Ahí estarán y nos seguiremos encontrando.

Terapeuta: ¿Has finalizado? ¿Cómo te quedas?

Carolina: sorprendida, emocionada... primero, con el trabajo con mi pololo, pero lo más fuerte es esto con mi hermana; nunca pude despedirme de ella, siento que ahora he podido hacerlo.

Y luego, mis padres... y la solución tan clara... basta con que yo crezca. Cuando murió mi hermana, la familia se separó; mi papa jubiló y se fueron a vivir al campo, y con mi otra hermana nos quedamos solas, aquí en Santiago, pues ambas estudiábamos. Es cierto que yo tenía 19 años, pero me sentí muy sola, como abandonada por mis padres… más bien, era eso, no nos abandonaron, pero era como que no me veían… yo sentía que para ellos yo no existía.

Terapeuta: es probable que, frente al dolor de la pérdida de su hija menor, tus padres se refugiaran el uno en el otro, y por ello, tu padre dejara su trabajo y se fuera al campo. Frente a la intensidad del dolor de la pérdida de una hija, que ha de ser el dolor más grande que una madre y un padre puedan sentir, es probable que se deprimieran profundamente y ya no vieran a su alrededor a sus otros hijos. Simplemente intentaran sobrevivir como pudieran, conectándose a la tierra, a las raíces, alejándose. En fin, ahora eres grande lo puedes comprender y puedes darte cuenta de que para reencontrarte con ellos, tal vez sea necesario que tú decidas crecer.

Carolina: sí, eso es lo que siento… que solo basta con crecer. Gracias, gracias, realmente por haberme ayudado en esto, gracias también a cada uno de ustedes, por darme el tiempo aquí en el centro, gracias de verdad estoy muy conmovida pero en paz.

2. Síntesis de un trabajo con sueños. Nicole (15 años)

Nicole tiene 15 años. En el momento de relatar su sueño, está participando de un grupo terapéutico de jóvenes y ya ha realizado anteriormente terapia individual, por un período de un año y medio, aproximadamente. Vino inicialmente a consulta por intento de suicidio (fueron dos, bastante severos). Ella se encuentra estable y ha logrado establecer un estrecho lazo afectivo con la terapeuta, hay un gran compromiso entre ambas. Ahora Nicole se siente mejor, ya no se plantea la muerte como salida, o al menos, vislumbra alguna salida a sus conflictos. Para ella, el integrarse a un grupo ha sido muy importante, pues uno de los motivos que la llevaron a sus intentos de suicidio, fue el rechazo que sintió, por parte de sus iguales.

Es el momento, entonces, de entrar de lleno a trabajar con su angustia y sus miedos más profundos. Se puede realizar esto con diversos ejercicios, lo hemos hecho con un *continuum* de *awareness*, donde ha ido profundizando más y más en la angustia. Como terapeutas, sabemos tocar fondo, sin temor, y confiando en que si la persona está acá, es que, de algún modo, sobrevivió a la muerte y debemos confiar en la vida, confiar en ella.

Cuando tocamos fondo y nos enfrentamos a los temores más profundos, ya nada peor puede ocurrir y no nos queda más que volver a salir o "remontar la cuesta". En ese momento, como terapeutas, lo importante, es rescatar de la persona que tenemos al frente, sus propios recursos, los que ha tenido para salir y devolvérselo: "Si fuiste capaz de salir una vez, ahora también podrás hacerlo ¿Cómo fue que saliste? ¿Qué hiciste entonces? ¿Qué puedes hacer ahora? ¿Cómo? ¿Qué sientes? ¿Dónde lo sientes?", etc. Así, el paciente se da cuenta de que él sabe cómo salir de su propia angustia y también cómo aumentarla. Entonces, comienza a conocerla y no temerle tanto. Este es el camino, hasta que algún día la transforme en su aliado.

También, cuando ya está más estable, es el momento de trabajar con sus resistencias, identificándolas, aprendiendo a reconocer las claves de éstas: como se manifiestan, cuándo, dónde y, en fin, ayudarlo a moverse más allá de éstas y experimentar nuevas posibilidades. Es el mejor momento para asistir a un grupo, en el cual reforzará sus habilidades y se irá trabajando en mejorar la relación con sus más cercanos.

Relato del sueño

"Era un sueño largo, en que me desperté asustada y como angustiada. Ahora ya no lo recuerdo tanto. Soñé que estaba en el

> sur, cerca de donde yo viví antes. Había harta gente en la calle del pueblo, y como que me miraban o algo pasaba; yo estaba en el camino principal, estaba todo iluminado y muy lleno de gente, casi como si hubiese una fiesta o celebración. El camino estaba al borde del lago, que era oscuro y profundo. No recuerdo bien por qué, pero el estar con esa gente me ponía nerviosa y me sentía muy mal, sólo quería irme de ahí y desperté muy angustiada."

Se trabaja el sueño al centro del grupo y se le pide a la paciente que relate el sueño en primera persona, como si lo estuviese viviendo. Desde ahí, ella va representando las diversas partes: comenzando por el pueblo, principalmente por la calle del pueblo; luego, será el lago; con todo su cuerpo tomará la forma de éste y se establece un diálogo con la calle. La vía está llena de luces y gente caminando, es una calle llena de vida, muchos colores y gente riendo; en cambio, el lago es oscuro, profundo y solitario. Al representarlos claramente, aparecen sus polaridades. Finalmente, se le pedirá a Nicole que represente el muelle, que aparece apenas mencionado al final del relato, cuando está haciendo de lago. Al representar al muelle, éste se muestra como un objeto integrador, es de madera; está emplazado desde el concreto de la calle, hasta el agua del lago, y por él transitan las personas para acercarse al lago. Ella se sienta en el muelle, con los pies colgando hacia el agua y establece un hermoso diálogo integrador, pues, de algún modo, el muelle es lo que une lago y calle.

Terapeuta: ¿De qué te diste cuenta, Nicole, con tu sueño?

Nicole: "el Lago: al ser el lago, me sentía muy parecida a como soy yo, cuando me siento como más auténtica, más sincera, más profunda, pero también es mi lado más triste, es como mi parte profunda. **La calle** de concreto, que es la calle del pueblo, donde había gente y más cosas, esa es mi parte más superficial, es la parte mía que me carga...

mi lado que no me gusta tanto y que critico, el lado superficial y social. Sé que es mi lado más social pero no me gusta, porque me siento más tonta, hueca, aunque también me da alegría, cuando siento tanta pena y ganas de morirme. **El muelle** estaba ahí. Y ahí me senté entre los dos, era tan rico, sentía que podía estar con el lago, con su profundidad, y también podía sentir a la gente y la calle con vida y luces... ese muelle es como debería ser yo... o tal vez soy también ese muelle que los unía a los dos. Era como que yo unía las dos partes."

Terapeuta: por supuesto, todos los elementos que han aparecido en este sueño son partes tuyas, tú eres la calle, tú eres el lago y también tú eres el muelle.

Comentario grupal: se le da el *feedback* primero a la paciente, reafirmando lo visto, es decir, en el sueño apareció ese muelle que parecía unir esos dos lados que hemos visto en el grupo: el lago, que representa su lado triste, más sensible y profundo y el camino, como la parte más superficial, social y alegre de ella. Lo más importante, la toma de conciencia de sus dos aspectos y la aparición del elemento que armonizaba o más bien unía estas dos partes, que era el muelle. Esto fue muy importante, ya que la paciente en su vida no lograba encontrar nada que uniera ambos aspectos (omnipotente / depresiva o bien como ella les llamó la superficial / profunda). Luego, se explica al grupo lo acontecido, por si alguno se perdió en los relatos.

Este trabajo fue muy útil, porque reaparecieron con mucha claridad las polaridades con las que se estaba trabajando anteriormente, tanto en la terapia individual, como en el grupo. Desde el trabajo del sueño, la paciente logra un darse cuenta mucho más vivencial y no tan teórico, como hasta ese momento se había dado; pero, por sobre todo, es un trabajo útil, porque mediante éste, logra encontrar algo que le ayuda a integrar mejor ambos aspectos.

Los participantes del grupo le dan su *feedback* desde lo que sintió cada uno… expresan emociones. Uno de ellos, Darío, le dice que fue una sorpresa muy positiva el verla en sus dos lados, que de algún modo notaba que ella intentaba mostrar siempre el lado alegre y superficial, que ese era el lado que él conocía y, ahora, le había gustado mucho saber que estaban en ella presentes estos dos lados… dijo que la veía "más persona" al conocer sus dos lados. Otros participantes también concuerdan con Darío y opinan de similar modo.

Este comentario ha sido muy importante para Nicole. Tanto ella y yo (terapeuta) sabemos cuánto ha sufrido, por intentar dar una imagen de lo que no es y cómo ello le ha llevado al borde de la muerte; también sabemos cuánto le ha costado mostrarse así tal como es, en el grupo, mostrar su lado oculto y atreverse a ello; experimentar el *feedback* del grupo es algo que ha sido muy valiente e importante de su parte. Y gracias a los participantes, ha finalizado muy bien. Y aunque no lo conversamos explícitamente en el grupo, es probable que esta instancia le sirva para abrirse, mostrarse y ser la que es, con más naturalidad frente a los demás.

Finalmente, algunos participantes dicen sentirse identificados con partes del sueño y expresan semejanza con sus propios diálogos internos. Expresan abiertamente deseos de trabajar sus propios sueños; este tipo de trabajo suele ser algo que les gusta y motiva mucho.

3. Trabajo de órganos: músculos de Gerardo (35 años)

Gerardo es un varón de 35 años, con problemas de autoestima; algo rígido, muy racional, y que tiende a darle muchas vueltas a las ideas y pensamientos. Se encuentra con problemas de relación con su ex-mujer, tiene una hija de 7 años, actualmente ha debido regresar a casa de sus padres y está con dificultades para relacionarse en general (especialmente con las mujeres).

Esta es la transcripción de un trabajo de órganos, realizado al centro del grupo; en él se emplea la técnica de "diálogo con el órgano enfermo"; en este caso, el paciente habla directamente con sus músculos.[16]

Para una presentación sintética del trabajo, se presentarán las abreviaturas utilizadas:

T = Terapeuta.

P = Paciente.

TM = Terapeuta haciendo de músculo.

PM = Paciente haciendo de músculo.

PG = Paciente haciendo de él mismo (persona).

T: en estos cojines vamos a trabajar con tu músculo. Tú vas a ser un músculo, lo vas a representar; si bien tu dolor es en la espalda, representarás un músculo cualquiera... el que te sea más simple. Me gustaría que tomes la postura y forma del músculo y que desde ahí te describas cómo eres.

PM: estoy hecho como de fibras, unido con cartílagos al hueso y a las articulaciones, y recibo los impulsos del cerebro y me muevo. Por ejemplo, para contraerme, se mueve conmigo el esqueleto y se mueven las articulaciones, y yo ayudo a que suceda esto. (Se contrae y relaja, representando estos movimientos). Me contraigo así y después me relajo, y con eso, me sigue el esqueleto y me ayuda a que haga esos roles y se ponga firme toda la cosa muscular, o sea, ayudo a sostener el esqueleto, ayudo a sostener los huesos.

T: ayudas a sostener, ¿y a qué mas?

PM: soy como el soporte, también me siento como protegiendo al cuerpo del medio... soportando toda la presión de poder mantenerlo de pie, relajarlo, sentarse, etc.

---

[16] La técnica del "diálogo con los órganos", creada por A. Schnake, fue descrita al inicio, por si se desea complementar el trabajo.

T: ¿Cómo es tu existencia, siendo este músculo? ¿Cómo te sientes, cómo lo vives, cómo eres siendo este músculo?

PM: siento que hago todo; siento que todo lo que tiene que ver con movimiento, lo hago yo. Ya sea para pararse, para dormir bien, para sentarse, para trabajar en el computador; siempre estoy ahí, como dándole soporte; entonces, es un trabajo como súper agotador; incluso cuando el cuerpo descansa, yo sigo trabajando, porque tengo que tomar toda la postura y mantener todo.

TM: (a ver, yo voy a hacer de músculo), yo soy tu músculo y veo que, en parte, me conoces bastante bien; hay cosas que dijiste de mí que son bastante ciertas, pero hay algunas que deseo corregir... mira, nosotros los músculos, generalmente trabajamos en equipo, yo nunca estoy solo, cuando yo me relajo, el otro se contrae, generalmente trabajamos de a dos y, tal como tú dijiste, las órdenes llegan de arriba. Nos viene la orden de mover y nosotros nos contraemos, y luego nos relajamos, hay muchas cosas que tú dijiste que son ciertas, soy de fibra. Una fibra elástica, que me permite contraerme y relajarme, estoy recubierto de una pequeña membrana, que me permite cierto espacio para ello. Siempre estoy en una postura de semitono, semilisto, no estoy ni totalmente relajado, ni totalmente contraído, estoy listo para actuar, y cuando nos llega la orden desde arriba, actuamos. Nosotros, como músculos, somos súper obedientes, y también dependientes, pues dependemos de esta orden que tú nos envías. Somos dóciles y no nos demoramos en hacer lo que se nos pide. Nos coordinamos desde arriba como equipo y, entonces, mientras uno se relaja, el otro se contrae y así logramos, por ejemplo, el movimiento de tus extremidades. También logro dar forma a tu cuerpo, soy bastante sostenedor y protector.

T: ponte nuevamente de órgano, y ahora puedes repetirle un poco a Gerardo, cómo eres y tu función principal.

PM: somos de fibra, estamos unidos a los huesos, la función principal es sostener al esqueleto, somos sostenedores del cuerpo en general; para hacer un movimiento recibimos una orden del cerebro, y para hacer este movimiento, trabajamos principalmente de a dos, hacemos mucho en todo el cuerpo, como para hacer el trabajo de mover todo el cuerpo; entonces, cuando hacemos un movimiento, uno se elonga y el otro se tensiona, y así podemos hacer el movimiento, pero trabajamos en equipo; no lo hace sólo uno de nosotros, y tenemos nuestras limitaciones, estamos siempre en un estado de tensión, con un tono intermedio, ni muy relajados ni muy tensionados, pero siempre atentos para reaccionar.

La verdad, es que me da como "lata" que ahora estés como enfermo, inflado, hinchado, contracturado, siento que me reclamas. Me gustaría que se dieran a conocer, para yo saber cuándo parar o cuándo no exigirle más.

T: para conocerlos bien, es bueno que continúes de órgano sano; total, has sido sano la mayor parte de tu tiempo; ya hablaremos de los dolores, continúa como músculo sano, por favor...

El paciente repite sus características, como órgano sano.

T: músculo, ahora puedes preguntarle a Gerardo en qué se diferencian él y tú. ¿Acaso Gerardo es tan dependiente y obediente, como lo eres tú?

PG: no tanto, no tanto como ustedes. Sí, soy obediente, a pesar de que no quisiera serlo... en realidad, me encantaría estar en la posición de ustedes, y ser más obediente, estar tranquilo y no tener que estar tomando decisiones, permanentemente.

T: a ver, cámbiate y sé músculo.

A ver, músculos, cómo es esta posición de ustedes, ya escucharon lo que les dice Gerardo: no es cierto, él tiene dificultad con ser obediente y dependiente, tiene que ser más independiente, tiene que tomar las decisiones él, no puede llegar y dejarse llevar, como lo hacen ustedes.

PM: bueno, para nosotros es bastante simple, es así como vivimos, lo pasamos súper bien, hacemos lo que podemos hacer y punto, y cuando sobrepasa lo que podemos hacer, alegamos, avisamos, y en eso consiste nuestro trabajo; así lo pasamos bien y cumplimos una misión; mucho más simples y relajados, como somos nosotros; entonces, no sé por qué no simplificas un poco el cuento, porque nos llega a nosotros todo el peso de lo que estás haciendo tú, y por eso estamos así.

T: muy bien cámbiate, y sé Gerardo ¿escuchaste lo que te dicen los músculos?

PG: la verdad, no me había dado cuenta de la existencia de ustedes, solamente ahora, cuando me avisaron de que hago mal una fuerza o algo, me doy cuenta. En realidad, cuando estamos bien, no los había tomado en cuenta para nada. Este asunto de que son como obedientes, pero a la vez cumplen una función importante, y, además, se la reparten entre varios, me gusta; o sea, lo encuentro mejor, hasta los siento como más livianos.

T: te gusta cómo son.

PG: sí, como son, eso de repartirse todo…um... la cuestión es entre todos, pero no me gusta mucho este asunto de ser cien por ciento obediente.

T: eso no te gusta tanto, no te gusta la obediencia cien por ciento.

PG: no, no me gusta, pero también veo que ellos obedecen cien por ciento hasta un límite y, después de ese límite, ya no obedecen. Me doy cuenta ahora de eso, porque está bien obedecer hasta un límite, pero después de eso, si sigues más allá te enfermas…

T: ¿Qué es lo que te molesta de esa obediencia?

PG: sí, porque obedecer es como sacarse una responsabilidad de encima, que alguien más tome las decisiones por ellos, pero, por otro lado, el estar permanentemente así, que alguien les diga qué hacer y ellos lo hacen hasta que no puedan hacerlo, eso no me gusta.

TM: (hace de órgano). Nosotros no cuestionamos nada, estamos siempre listos a la orden que nos venga y si la orden es contráete, relájate, contráete, relájate, nosotros no cuestionamos nada, estamos siempre listos a la orden que nos llega, somos así. Como te decía, en equipo, y funcionamos así ¡listo!, como un pequeño ejército, no cuestionamos las órdenes.... ¡cómo se te ocurre!, nosotros somos músculos, no podemos cuestionar nada, obedecer es lo más agradables que hay... así, listo, ni pensarlo. Es exquisito. Especialmente, cuando nosotros no sabemos todo lo complejo de nuestro propio funcionamiento. No podemos cuestionar, ni menos intentar desobedecer al que realmente sabe lo que tenemos que hacer. Y claro que nos cansamos y avisamos, y eres tú el que tiene que escucharnos, para dar la orden de que quieres cambiar de posición. Y tu rebeldía nos perjudica. No nos escuchas a tiempo...

PG: yo no me puedo imaginar siendo así.

T: tú, Gerardo ¿no eres así?

PG: no puedo ser así. Si no puedo llegar a obedecer algo, sin cuestionar, no sé, me cuesta mucho.

T: cámbiate y sé músculo.

PM: (músculo) No cuestionamos más allá de la ruta y vivimos tranquilos, en paz, no sé, imagínate si cuestionáramos todas las órdenes que nos dan, porque nosotros tenemos como bien claro lo que tenemos que hacer y punto, y la orden que viene, tiene que ver con eso y punto. Nosotros nos sentimos así, tranquilos, no nos complicamos la vida.

T: ¿Cómo ves a Gerardo, con esto de que él no puede ser así, que le cuesta, ¿hay algo que quieras transmitirle, enseñarle?

PM: lo veo como más complicado de la cuenta, como complicándose la existencia "por las puras". Así, nosotros podríamos enseñarle a pasarlo mejor y a tener claro lo que tenemos que hacer y punto; no exigirse más allá de eso, nosotros lo tenemos claro y no nos exigimos más de eso, y cuando nos exigen más, alegamos, punto y se acaba, eso podríamos decirle. Además, nosotros obedecemos las órdenes que nos llegan desde el cerebro, pero eso no significa que le obedezcamos a todos los demás órganos del cuerpo. Tú tienes que escucharnos y obedecernos a nosotros.

T: ya cámbiate; a ver, a ver si te escuchó y está dispuesto a tomar lo que tú le dices.

PG: la verdad es que me gusta cómo son ustedes, me gusta cómo se conocen, que puedan decir "esto somos y punto", sin tantas complicaciones.

T: ellos te proponen que tú seas algo así, o que seas, en parte así; al menos a ellos sí debes escucharlos y obedecerles, de hecho, son parte tuya ¿no?

PG: sí, en realidad, siento envidia de la simpleza que tienen, simpleza de lo que hacen, a pesar de que son fundamentales; sin ellos no podría estar de pie, estaría tirado como una masa; o sea, son súper importantes, pero son muy simples en eso que hacen, no lo había visto así.

T: bueno, por esta ocasión vamos a ir despidiéndonos de ellos, ya los conoces y viste cómo son y ver qué es lo que te llevas tú de ellos, que es la parte que sirve recordar. No olvidarte que ellos necesitan que seas un poco obediente, por lo menos para escucharlos cuando se quejan, y dependen de tu voluntad para cambiar de posición, y no quedarse pegados en esa tela que los cubre. Tú eres el que decide tus movimientos y el que les exige demasiado.

Comentario grupal: el paciente se da cuenta de cómo realmente son los músculos, logra apreciarlos y, por sobre todo, ver cómo ellos pueden ser de obedientes y dependientes, logrando apreciar, en estas características, algo positivo para sí mismo. Los músculos son así y él debe aprender de ellos, ya que él se pelea con su ser obediente y dependiente (característica negada). Al ver estas características en los músculos, aprende a aceptarlas de un modo más íntegro en sí mismo. Al haber asumido el discurso de ese órgano y haber podido, por primera vez decir, en primera persona, "Soy..." lo que siempre se ha negado, cambia la expresión del paciente y nos muestra y se muestra a sí mismo una impactante posibilidad de empezar un verdadero proceso de integración.

Los participantes le dan su *feedback* desde lo que sintieron, con qué se conectó cada uno y, especialmente, se muestran interesados en esto de hablar con un órgano. Una persona pregunta si será lo mismo para él, que le duelen los músculos también. Se les explica que el diálogo que se establece es absolutamente personal y que, a pesar de ser el mismo órgano, puede que en su caso él esté negando otra característica diferente de la de Gerardo. Es por eso que el diálogo se debe establecer con cada uno, aunque sirve de modo preventivo hacer roles de órganos. En las siguientes sesiones, continuaremos trabajando con este tema.

4. Trabajo situaciones críticas con Esteban (32 años)

En Gestalt, las crisis las entendemos como una gran oportunidad de cambio, de crecimiento y maduración para la persona. Miramos las crisis sin temor, confiando en que de ellas no puede más que ocurrir lo mejor, y sabiendo que éstas se convierten en oportunidades; oportunidades de cambio, de maduración, de crecimiento[17].

Cuando trabajamos una situación de crisis del pasado, la reactualizamos, pidiéndole a la persona que la relate en el presente, como si la estuviese viviendo en el aquí y ahora, sin detenerse, hasta el final... El terapeuta debe estar muy atento. ¿Qué sucede? ¿Cómo sucede? ¿Cuándo, dónde, con quién?, y, sobre todo, debe estar atento a qué hace la persona y cómo lo hace. El terapeuta debe ser un acompañante muy sutil, silencioso, sin preguntar o interferir en el relato. No debe ser

---

[17] Este tema fue tratado al inicio, por si se desea complementar el trabajo aquí descrito.

figura, sólo acompaña y escucha, y su voz debe ser en "*off*", sin intervenir. Es un acercamiento totalmente fenomenológico, siguiendo "la película" impregnándose de ella. Se debe prestar atención a cómo ocurrió la crisis y cómo se resolvió, qué hizo la persona y, sobre todo, al modo cómo lo hizo (pidió ayuda, se alejó, enfrentó, salió sola, se puso a llorar, a rezar, en fin, qué hizo), y también prestar atención si estos modos se repiten en la historia del sujeto. Así, el terapeuta puede ayudarle a recuperar lo vivido, a través de las acciones realizadas.

Comúnmente, frente a una situación de crisis, aparecen mecanismos defensivos que la persona utiliza para salir de ésta. Estos mecanismos suelen ser la huida, el ataque, la paralización u otros, y son la forma de evitación de contacto que se adquiere para solucionar la situación, o lo que en Gestalt llamamos la solución neurótica... Ahora bien, al revivir la situación en el presente, y con una fuerte toma de conciencia sobre sí mismo, sobre su propia angustia, sobre su modo de actuar, y sobre la situación global... hace que **este darse cuenta, transforme la vivencia en algo positivo, y esto es lo que llamo recuperar los recursos del paciente.**

Esteban tiene 32 años. Vive con su pareja y el hijo pequeño. Relata haber sufrido, con ambos, tres situaciones de asalto en su vida, cosa poco frecuente, y que, en cierto modo, esto le preocupa: quiere entender qué tienen que ver estas situaciones con él, y si hay algún mensaje en ellas, pues últimamente se le repiten en los sueños. Tomo la decisión de trabajarlas, no como sueño, porque no llega a recordar ninguno, sino como situación de crisis vivida y, para ello, se le pide que relate las tres escenas en primera persona, como si estuviesen ocurriendo, en el aquí y ahora; una tras la otra, comenzando por la primera. He trascrito un resumen de éstas.

1ª ESCENA: es un niño, tiene alrededor de 5 años y está feliz con su bicicleta, dando vueltas a la manzana. Va relatando como si fuese en un pequeño *rally*, se nombra a sí mismo como un corredor famoso, y salta el primer hoyo... sigue el camino... esquiva un pequeño obstáculo etc. En un momento dado, en su ruta de *rally*, algo lejos de su casa, hay un hombre al medio de la vereda, mirándolo; él se acerca e intenta pasar por un costado, pero el hombre se pone al medio y él se ve obligado a parar. El hombre le dice "bájate de la bicicleta", primero el niño no hace caso, se queda algo sorprendido, pero luego, al insistir el hombre, se baja; el hombre toma la bicicleta, se sube en ella y se va rápido. El niño reacciona muy rápido y sale corriendo a perseguir al ladrón, para que le devuelva su bicicleta; corre casi una cuadra... luego, se da cuenta de que es imposible alcanzarlo y regresa a su casa. Se siente frustrado de no haber hecho nada.

2ª ESCENA: es adolescente (13 ó 14 años), va en la micro escuchando su personal estéreo; se sienta en el fondo de la micro, un hombre se sienta a su lado, le comienza a hablar y él responde mínimamente; de pronto, el hombre lo amenaza y le pide que le entregue el personal estéreo, él se niega, sorprendido; el hombre lo amenaza con algo puntiagudo, en su chaqueta. El muchacho comienza a hablar en voz alta, diciendo que el hombre le quiere robar... la gente en la micro, mira..., el hombre se pone nervioso y se baja rápido de la micro. Él se siente orgulloso y muy contento consigo mismo.

3ª ESCENA: es de noche, tiene unos 26 años, se va bajando de la micro con su polola, en plena plaza Italia; hay seis adolescentes, con muy mala pinta; uno de ellos le obliga a entregar la billetera. Él está en la calle, entre la micro, la polola y la baranda de contención para peatones..., comienzan a golpearlo, él no entrega la billetera, la polola llora en un costado, mientras a él le exigen la billetera y le pegan patadas, en el suelo, entre los seis; en el cuerpo y en la cabeza, contra el pavimento; él no suelta la billetera, que está en su bolsillo, y que protege con unas de sus manos..., continúan pateándolo, muy bestialmente, él no suelta. Su polola le pide que entregue la billetera y todos le insisten... está sangrando... no suelta..., de pronto, uno lo amenaza con una cuchilla y dice que lo matará..., finalmente, la suelta, y los ladrones se van. Llega la ambulancia, va al hospital. Finalmente, todo resulta bien.

Con esta última escena se trabajó más profundamente, y se le pide que vuelva a relatarla, representándola por completo, nuevamente en presente, con la mayor cantidad de detalles posible, como si estuviese transcurriendo, y realizando los diálogos con los asaltantes y otros.... La escena finaliza en la Posta. Posteriormente, se le pide que vuelva al aquí y ahora y que abra los ojos.

¿Cómo te sientes y de qué te das cuenta? Expresa que le ha impactado el trabajo, pues se da cuenta de varias cosas. Lo primero que le impresiona, es que él siempre tuvo la sensación **de no hacer nada** frente a las situaciones de crisis, de **quedarse quieto** y sentirse muy mal consigo mismo y esto lo atormentaba hasta hoy; se sentía como paralizado frente al peligro.

El terapeuta le da el *feedback*: se le reafirma lo visto y vivido en el trabajo, y es que, desde el primer momento, él sí hizo algo y bastante y se le recuerdan los momentos precisos... "a los 5 años saliste **persiguiendo** al ladrón que se llevaba tu bicicleta (llama la atención que un niño persiga al ladrón); a los 14, **hablas fuerte** y dices que te están asaltando y así enfrentas al de la micro; y luego, finalmente, en la última escena, **desafías sin soltar** lo que tenías en el bolsillo, incluso arriesgando tu vida. El sentido común, nos dice que no debemos exponernos así y entregar más rápidamente lo pedido, pero tú no lo hiciste, es como si algo más fuerte te lo impidiese y continuabas desafiando. Así, en las tres ocasiones, te comportaste muy enfrentador. Esto es lo primero que debes recuperar... tu modo enfrentador y desafiante".

Esteban se da cuenta de ello, y le llama le atención que él se ha sentido, todo este tiempo, como paralizado, y reconoce claramente, al revivir la escena, cómo se aferraba a lo que él desea, sin medir las consecuencias que implicaban que lo siguieran golpeando. Claramente, no es pasivo, ni menos se queda paralizado... El terapeuta le muestra cómo en ese momento, le importa más ganar y tener la razón, que salir vivo... y, tal vez, esto es algo que debe aprender a medir: el ser enfrentador, aprendiendo a ceder, o siendo más asertivo. Y, finalmente, en esto hay algo muy arraigado en su carácter y que tiene que ver con su situación de pareja actual, donde ocurre que, cuando discuten, él no cede, justifica hasta morir su postura, lo que le está acarreando serios problemas con su pareja y madre de su hijito. Claramente, es una polaridad muy importante en él, y gracias a este trabajo, ha aflorado para poder continuar trabajando con ella. Los participantes del grupo, que lo conocen muy bien le reafirman esto.

Esteban queda muy emocionado y agradecido con su trabajo, se da cuenta de que deberá seguir trabajando con esto como polaridad; agradece al terapeuta y al grupo por su paciencia.

5. Parejas: Hernán (32 años) y Patricia (28 años)

Algunas parejas vienen a terapia en un absoluto caos, sólo a buscar un "testigo" de que "hicieron todo lo posible", que son "buenos y decentes" y que es "el otro" el monstruo al que no soportan, o son ellos mismos los extremadamente difíciles y no pueden ni quieren cambiar. ¿De qué se trata? ¿De tener la razón, de no sufrir o de ser felices? La mayoría de las veces sólo desean "tener la razón". A este tipo de parejas prefiero verlas en forma individual, pues justamente, puede que utilicen al grupo y a los participantes a su antojo, poniendo a unos en contra de otros, como árbitros o testigos de su problemática.

Otras parejas llegan a terapia cuando aún hay posibilidades de encontrar una punta del hilo de la madeja, desde donde podríamos empezar a tirar, hasta desenredarla entera, suavemente. Y es hermoso cómo esas parejas se pueden reencontrar y crecer juntas. Estas parejas están más abiertas y dispuestas al cambio y, sobre todo, a revisarse cada uno en lo personal. A este tipo de parejas pertenece el caso que se relata y es más factible que participen junto a otras, en un grupo.

Patricia tiene 28 años y Hernán tiene 30. Están casados desde hace 4 años, pololearon dos años antes de casarse, por lo que llevan alrededor de 6 años juntos. Ella ha insistido en que vengan a terapia juntos, pues no andan bien las cosas últimamente, tienen discusiones frecuentes por cosas menores, pero no llegan a acuerdo y se ponen mal. La relación está empeorando y, más que los contenidos de las discusiones, lo que les está afectando es que ella piensa que la relación está desgastada, que él no es tan afectivo y ya no tiene interés en ella, y que ya no la quiere tanto.

Patricia: pienso que si yo me muestro muy interesada en él es peor, como que a él ya no le intereso, porque me tiene segura. Bueno, soy como insegura, y cada vez siento que él me quiere menos, porque como él no es afectivo, pienso que no me quiere.

Terapeuta: ¿A ti te pasa esto?

Hernán: tal vez el problema soy yo. Ella cree que soy yo el que perdí el interés, porque ya la tengo segura, ahora que estamos casados.

Terapeuta: ¿Y esto es así?

Hernán: esto *no es así*. (Da una larga explicación sobre cómo era antes, en el pololeo, el tiempo libre que tenían y cómo él siempre estaba dispuesto a hacer el amor). Mientras que ahora "no duro despierto hasta tarde, estoy muy cansado por las noches y me duermo". Y se contrapone con la vida de ella, que se levanta a las 10 de la mañana y puede dormir hasta tarde.

Se les propone hacer el ejercicio de las esculturas, al centro. Para comenzar, cada uno deberá pensar e imaginar situaciones que representen los diferentes momentos de la pareja. Y deberán fijarse en la mayor cantidad de detalles posible, dónde están cómo está cada uno, qué hace, qué dice, como si pudiéramos detener la escena en un punto, congelarla. Como una fotografía de cada momento. Se les da tiempo para contar y representar cada escena y éstas son: el mejor momento de la pareja, el momento actual, la situación o momento ideal y, finalmente, el peor momento que hayan vivido.

Uno a uno, lo irán representando al centro, el mejor momento de ella y el de él; luego, el momento actual de ella y el de él... así, sucesivamente, irán representado la escena con todos sus detalles, gestos, miradas, otras personas, etc. Finalmente, se representará el peor momento de la pareja y, una vez realizado, le volveremos a pedir que lo haga cada uno, poniendo un sustituto de sí mismo en el lugar, y se le pedirá que la observe desde fuera. Entonces, se le preguntará cómo lo modificarían o cómo la solucionarían. Se le pide a ambos que lo hagan sin comentar nada y, finalmente, se les da el *feedback* de lo realizado.

A continuación, se resumen las tres escenas más importantes.

Escena: momento actual

Imagen de ella: sentada frente a dos caminos, debe decidir; en uno de ellos está Hernán, lejos, y ella está esperando que él venga. Ella, en el cruce de ambos caminos, mira ambos una y otra vez, y él no viene.

Imagen de él: ambos de pie, él la sostiene por la espalda, desde sus hombros, la mira; ella mira hacia el suelo, no está totalmente de espaldas, pero levemente girada, el hijo está cerca, jugando, sentado en el suelo.

Escena: el ideal

Imagen de ella: están en la playa, en un lugar conocido de ambos, hay una fogata al borde del mar y ellos caminan y juegan alrededor.

Imagen de él: están en la playa, caminan abrazados, por el borde mar, de la mano con su hijo.

Escena: peor momento vivido

Imagen de ella: ella en la cama muy triste, manos sobre el estómago; él la mira, está a su lado, la acompaña...

Imagen de él: ella en la cama, muy triste, desconsolada, él la abraza y la consuela... pasarán esto juntos. Relata la misma escena de su mujer, al parecer, una dificultad antes del parto... finalmente, salió todo bien.

Terapeuta: se comienza con el *feedback* a la pareja. Se les da cuenta de lo visto desde fuera de las diversas situaciones. Aparentemente hay algo muy positivo, pues se dieron bastantes coincidencias en las imágenes de los momentos de cada uno, lo que es bueno para la pareja, pues indica que viven realmente "la misma pareja", ya que vivieron los mismos conflictos y los han internalizado de modos similares; es decir, no hay grandes sorpresas y denota bastante comunicación entre ambos. Por otra parte, Hernán se mostró afectivo y, tanto en el peor como en el momento ideal, él la abraza o la toma cariñosamente, e incluye al hijo. Patricia no incluye al hijo, lo que me lleva a mostrarle que ella puede estar un poco "cerrada en el tema" (obsesionada) y sólo pensando en Hernán. Aunque sabemos que ama su hijo, lo deja fuera, ya que, para ella, en este momento lo primordial es su pareja, es él. Y, curiosamente, se pone ella algo más distante, poco cariñosa y como esperando que sea él quien se acerque.

Ahora bien, al modificar la situación él se modifica primero a sí mismo, y luego la modifica a ella.

Sin embargo, Patricia lo modifica primero a él, y varias veces; luego, cuando está segura de cómo lo quiere a él, se modifica ella. Esto se le hace ver a Patricia; es decir, ella está esperando que sea él quien cambie primero y, una vez que él cambie, ella se muestra dispuesta a cambiar.

Sabemos que el único cambio posible es el que puede venir de nosotros mismos, y debemos estar dispuestos a cambiar nosotros, para que, tal vez, con nuestro cambio, se modifique el entorno. Ella está siendo un poco niña, pidiendo y pidiendo que él (el otro) cambie, pero no hay una real disposición de cambio por parte de ella. Deberá trabajar con esto, y evaluar si realmente ella está dispuesta a cambiar en la pareja. En fin, se explica el sentido del ejercicio y se le muestra que, al parecer, ella tiene más resistencia al cambio que él. Él, en todo momento, se ha mostrado disponible para venir al grupo, para estar con ella, para hacer los ejercicios que se le piden... claramente él quiere arreglar la situación y da muestras de quererla.

Aparentemente, el problema que los aquejas es de fácil solución; aprender a buscar horarios y tiempo, el uno para el otro, para reencontrarse. No es difícil, pero puede llegar a serlo, sobre todo si Patricia se cierra a la idea de que él ya no la quiere y, por tanto, ella ya no hace nada para ver qué puede aportar y en qué puede cambiar.

Patricia y Hernán han quedado muy sorprendidos, y han mencionado que, más allá de las palabras, cada escena que relataban era como una radiografía de la pareja, en la cual se identificaban mucho y mostraban exactamente cómo es lo que les sucede a cada uno. El ejercicio les gustó mucho. Y Patricia mencionó que había tomado conciencia de que, efectivamente, ella estaba en una postura como de niña, esperando que Hernán cambiara.

Los participantes del grupo que los reemplazaron a ellos para que pudieran observar sus propias escenas, también dan su *feedback*, señalando cómo fue para ellos esa sensación de estar ahí, pues lo moldearon caras y posturas incluso le dijeron como sentirse. Su *feedback*, nuevamente, les reafirma lo conversado. El resto de los participantes serán observadores, por esta vez, y sólo pueden hablar desde las emociones con que se conectó cada uno.

Cuando las características de uno y otro se complementan, en el inicio de la pareja suele haber una cierta armonía (como fue en este caso). Sin embargo, si no hay un proceso de maduración y de crecimiento en ambos, rápidamente la situación cambia. Lentamente, la descalificación del otro va siendo más contundente y definitiva. Ese "otro" tiene algunas características que nos son absolutamente inaceptables y completamente opuestas a nuestra "idealización". Por ello, será necesario seguir trabajando con ellos, pues claramente, lo descrito tiene que ver con polaridades de cada uno, y aspectos negados en sí mismos.

6. Silla caliente: Trabajo con la madre (Javier, 28 años)

Javier tiene 28 años, es soltero y, a pesar de haber estado antes viviendo solo, este año ha debido regresar a la casa paterna, pues se ha trasladado de ciudad y se encuentra en búsqueda de un mejor trabajo que le permita independizarse pronto. Se siente en conflicto con su madre, siente mucha rabia con ella, a pesar de quererla; se siente muy agobiado con ella, pues critica constantemente su modo de actuar y le exige más colaboración en casa.

Terapeuta: por favor, siéntate en uno de los dos cojines; comenzarás por ser tu madre. Toma su postura, intenta ser lo más fiel posible a cómo es ella y comienza a describirte. ¿Cómo te llamas, quién eres, cómo eres?, etc…

María: soy María, tengo 60 años, estoy casada hace ya más de 35 años; tengo 3 hijos, vivo con mi marido y los dos menores. La hija mayor está casada y me ha dado nietos, lo que me tiene muy contenta, aunque también algo cansada, pues diariamente yo le ayudo con los niños, que son bastante difíciles; la segunda de las hijas, vive en casa, tiene 32, es soltera y está trabajando. Ella es bastante difícil de carácter y las relaciones le duran poco. Mi hijo menor es mi regalón, y está viviendo en casa actualmente. Sé que pronto desea partir nuevamente, y temo no verlo más. Me llevo mal con mi marido, ya casi no nos hablamos, aunque no nos separaremos. Yo lamento no haber hecho una carrera cuando joven y haberme dedicado por completo a la casa; ahora siento que ésta ha sido mi vida y que no me respetan mucho, entran y salen de la casa sin saludar. Javier se encierra en su pieza y no sale a compartir la once con nosotros... en fin, estuve dedicada los últimos 30 años a mis hijos y a servir en esta casa. Últimamente me siento cansada, triste y sola.

Me gustaría, hijo, que pases más en casa, que compartas más conmigo, que no te encierres tanto con tu polola y que compartan con la familia.

Javier: mamá, yo intento ayudarla en lo que puedo: retiro mis platos y la ayudo a poner la mesa..., no es necesario que me haga mi dormitorio, menos el baño. Soy grande y puedo hacer mis cosas, lo único es que las hago a mi ritmo.

María: yo te hago el baño, porque tú sabes que está con una pérdida de agua, y si no se hace permanentemente, se ensucia. Por eso, hijo, yo te pido que colabores más,

Javier: me siento agobiado, a mí no más me pide que le ayude, que esté con usted, no se atreve a pedirle nada a mi hermana, ella es una pesada, una controladora, rabiosa, y nadie le dice nada... Yo trato de ayudar, retiro mi plato... pero le da conmigo o con mi polola... que salude, que tenga buenos modales, que la tome en cuenta. ¿Mamá ...qué le sucede conmigo? Me da tanta rabia cómo me está tratando, ahora recuerdo por qué el año pasado, que estaba viviendo fuera, no me daban ganas de venir... porque cuando estoy aquí me exige y me exige sólo a mi. Me da rabia que a usted le dé conmigo...

María: yo te pido a ti, tú sabes que tu hermana es difícil y no se le puede decir nada... pero no sé qué te sucede, antes te gustaba estar conmigo, ahora te pareces cada día más a tu padre.... Antes tú eras tan cariñoso, me gustaría que fueras como cuando chico, éramos los mejores amigos, jugábamos juntos, tomábamos sol, tú me echabas el bronceador, nos hacíamos masajes... ahora ni te veo... me siento tan sola... tú siempre fuiste mi regalón... me da tanto miedo de que te vayas nuevamente y no vuelvas más...

Javier: no me compare con mi papá, soy muy diferente de él y no me enojo como él. Es cierto que cuando chico éramos más unidos, pero mamá, yo tenía como 10 años y, claro, no tenía tanto que hacer, ni polola, ni trabajo ni nada, y me encantaba jugar con usted... pero no pretenderá que sigamos jugando ahora...

(Se pone triste... agacha la cabeza y le caen lágrimas...)

Terapeuta: ¿Qué te sucede, que estás sintiendo?

Javier: me dio pena mi mamá... la veo sola y como que esperara de mí todo... que yo le llene su vida... no puedo... me da mucha pena.

El diálogo continúa desarrollándose; la madre se siente sola, de su marido no espera nada, las cosas ya no podrán cambiar entre ellos, y ella siente que todo su esfuerzo lo ha puesto en estos hijos y ahora, incluso el menor se quiere ir. Se escucha desmotivada, cansada, triste, solitaria.

El hijo le dice que la quiere, que se siente agobiado, asfixiado por ella, que le molesta que ella sólo le reclame a él y que no puede hacer mucho... Sin embargo, al ir poniéndose en el rol de ella... conectándose con su madre desde la vivencia... se emociona, va sintiendo su pena, su dolor, caen lágrimas, desde el sentirse tan sola y necesitarlo tanto a él, para ser feliz... desde el lugar de ella, va captando su dolor. Lentamente, cuando vuelve a su lugar se va desprendiendo de la rabia, la comprende mejor, empatiza realmente con ella... siente pena por su madre y se da cuenta que su vida se está quedando vacía. Finalmente, le promete que él no se irá lejos de ella, que la tendrá cerca para traerle a los nietos, que compartirá más con ella y le ofrece ayuda para que ella vaya buscando otras cosas de su interés... como, por ejemplo, hacer clases de piano a los niños... o buscar algo juntos, de modo que ella también tenga sus propios proyectos y sea más feliz. La situación se resuelve con un abrazo entre ambos y, sobre todo, con el darse cuenta de que su madre está pasando un mal momento y no desea agobiarlo, como él creía, que más bien está pidiendo acercarse y compartir lo que le sucede y que, tal vez, su cambio de actitud hacia ella la puede ayudar, pues no se había dado cuenta de cómo se sentía.

7. Escena familiar con Karina (34 años)

Este trabajo tiene por objetivo tomar conciencia de lo que proyecta en sus seres más cercanos, y tomar de conciencia de cómo establece las relaciones con el otro. Es una suerte de apertura de conciencia sobre cómo se están dando las relaciones familiares.

Se le pide a la persona que reproduzca una escena familiar. En este caso, describiré lo realizado por Karina (34 años). Ella es una joven profesional que está pasando un momento de crisis importante con su pareja, incluso ha llegado a pensar en separarse, aunque quiere a su marido. Él, por su parte, no desea separarse. Tienen dos hijos: uno de 3 años y otro de 1 año y medio.

Escena típica actual de la familia: es un día domingo, su marido está en el living leyendo el diario, y los dos niños en el centro, jugando o más bien quitándose los juguetes; la madre, sorda, en una habitación del segundo piso, leyendo un libro o revista. La hermana chica en su habitación, frente al computador. Ella, en la cocina cocinando y preparando el almuerzo para todos.

Indicaciones: poner a personas del grupo que representen a los personajes.

Ella debe dar, a cada uno, una frase que lo represente e iniciar la representación.

Marido: "Karina ven a ver a los niños".
Madre de Karina: "estoy leyendo, me cuesta leer también" (se queja sola).

Hermana: "No me molesten, tengo tareas".

Karina: "Yo tengo que hacer todo en la casa".

Niños: (peleando) "Dame eso... es mío".

Cada personaje repite una y otra vez su frase... ella observa y escucha, pues también la han representado a ella en la cocina.

Terapeuta: ¿Cómo te sientes? Karina responde: "Mal, muy mal al escucharlos a todos, es como la misma sensación de estar en casa pero peor."

Se le pide que vuelva a tomar su lugar y que haga alguna cosa que pueda modificar y cambiar esto.

Terapeuta: ¿Qué harías para cambiar esto? Si tu pudieras mejorarlo, ¿como lo harías?

Aquí se debe estar muy atento a las modificaciones que ella haga, pues después, en el mismo orden, deberán repetirlas los participantes.

En esta ocasión, ella decide acercarse a los miembros de su familia, uno por uno, solucionándole su problema. Primero, con su marido y los niños, luego, con su madre, y después, con su hermana. Una vez que finaliza, los actores (participantes) repiten la escena para que ella pueda verla desde lejos… ¿Cómo te sientes ahora al ver la solución que has encontrado?

Karina: "No sé, no muy bien, sigo pensando que es un problema".

Terapeuta: pregunta a los participantes cómo se sintieron en ese lugar que les tocó.

Participante, de marido: "No me pregunta nada, viene y hace" (quejándose).

Participante, de hermana: "A mí tampoco…"

Participante, de madre: "A mí tampoco me pregunta, pero como se supone que estoy sorda y me imagino que es así, que ya no me da bola".

Terapeuta: ¿Qué te parece lo que te dicen?

Karina: "Bueno, yo nunca les pregunto nada, es cierto, ¿y eso les molestó?".

Los participantes le dicen que sí, especialmente el marido, pues ella toma y se lleva a los niños, sin siquiera consultándole a él si quería que se los llevara; al parecer, él simplemente quería que dejaran de pelear.

Terapeuta: ¿Qué sientes tú, cuando tu marido dice esto?

Karina: "Me doy cuenta de que con mi marido yo soy así… yo decido todo, sobre todo con respecto a los niños, también sobre la casa… me doy cuenta de que no lo tomo como un igual, y después me siento súper cansada, como si yo tuviera que hacer todo". "Sí, tienen razón, yo no me había dado cuenta".

Comentario grupal y cierre: ella logra darse cuenta de su parte, cómo se hace cargo de todo, cómo tiende a excluir al marido sin consultarlo, sin compartir realmente con él y, finalmente, se siente sola. Los participantes le han dado un excelente *feedback*, y finalmente, se permite a cada uno expresar lo que sintió con el ejercicio.

Más adelante, nos enteraremos de que este ejercicio fue muy importante para ella con su marido. Gracias a éste, más todo lo que ella fue aprendiendo en el grupo, se logró que ella fuera comprendiendo y modificando su actitud hacia él, y las cosas cambiaron bastante entre ellos, mejoró la comunicación y se reconciliaron. Habiendo transcurrido la mitad de las sesiones grupales, supimos que Karina estaba muy contenta, pues estaba embarazada nuevamente.

Bibliografía

Alexander, F. *Psychosomatic Medicine* (1950). Nueva York: Norton.

Atienza, M. *Estrategias en Psicoterapia Gestáltica: Psicoterapia de Grupo, de Parejas y Dinámica Gestáltica* (1987). Buenos Aires: Nueva Visión.

Bion, W.R. *Experiencias en Grupo* (1991). Barcelona: Paidós.

Borja, G. *La Locura lo Cura* (1997). Santiago de Chile: Cuatro Vientos.

Castanedo, C. *Grupos de Encuentro en Terapia Gestalt* (2003). Barcelona: Herder, 3° edición.

Damasio, A. *Sentir lo que Sucede* (2000) Santiago de Chile: Andrés Bello.

Delacroix, J.M. *Encuentro con la Psicoterapia* (2008). Santiago de Chile: Cuatro Vientos.

Dethlefsen, T. y Dahlke, R. *Enfermedad como Camino* (2001). Buenos Aires: Plaza & Janes, 1ª edición.

Dossey, L. *Tiempo, Espacio y Medicina* (1986). Barcelona: Kairos, 3ª edición.

Fagan, J. y Sherpherd, I. *Teoría y Técnica de la Psicoterapia Gestáltica* (1973). Buenos Aires: Amorrortu.

Feixas, G. *Aproximaciones a la Psicoterapia* (1993). Barcelona: Paidós, 13ª edición.

Freud, S. (1913) *Tótem y Tabú*. Obras completas, t. VIII (1943). Buenos Aires: Amorrortu.

_____. (1921) *Psicología de las Masas y Análisis del Yo*. Obras completas, t. IX (1943). Buenos Aires: Amorrortu.

Huneeus, F. *Lenguaje. Enfermedad y Pensamiento* (1986). Santiago de Chile: Cuatro Vientos.

Huneeus, T. *La Esquizofrenia* (2001). Santiago de Chile: Ed. Universidad SEK.

Kaplan H y Sadock. *Terapia de Grupo* (2001). Buenos Aires: Ed. Médica Panamericana. 3ª edición.

Klein M. *El Psicoanálisis de Niños* (1987). Barcelona: Paidós Ibérica.

Latner, J. *Fundamentos de la Gestalt* (1994). Santiago de Chile: Cuatro Vientos.

Maturana, H. *Emociones y Lenguaje en Educación y Política* (1992). Santiago de Chile: Hachette CED.

Maturana, H. y Verden-Zöller, G. *Amor y Juego, Fundamentos Olvidados de lo Humano* (1994). Santiago de Chile: Instituto de Terapia Cognitiva.

Moreno, E. *Manual de Introducción a la Sociología* (1989). Santiago de Chile: CPU.

Naranjo, C. *Gestalt de Vanguardia* (2002). Barcelona: La Llave.

_____. *La Vieja y Novísima Gestalt* (2000). Santiago de Chile: Cuatro Vientos. 5ª edición.

Oaklander, V. *El Tesoro Escondido* (2008). Santiago de Chile: Cuatro Vientos.

Ornstein R, y Sobel, D. *El Cerebro que Cura* (1991). Buenos Aires: Granica.

Perls, F. *Ego, Hambre y Agresión* (1975). México: Fondo de Cultura Económica.

_____. *Enfoque Gestáltico* (2001). Santiago de Chile: Cuatro Vientos, 13ª edición.

_____. *Esto es Gestalt* (1993). Santiago de Chile: Cuatro Vientos, 9ª edición.

_____. *Sueños y Existencia* (1998). Santiago de Chile: Cuatro Vientos, 12ª edición.

Perls, F., Hefferline, R.F. y Goodman, P. *Terapia Gestalt* (2002). Madrid: Soc. Cultural Valle-Inclán.

Robine, J.M. *Contacto y Relación en Psicoterapia* (1999). Santiago de Chile: Cuatro Vientos.

Schnake, A. *Enfermedad, Síntoma y Carácter* (2007). Santiago de Chile: Cuatro Vientos.

_____. *Los Diálogos del Cuerpo* (1995). Santiago de Chile: Cuatro Vientos.

_____. *Sonia Te Envío los Cuadernos Café, Apuntes de Terapia Gestáltica* (2003). Santiago de Chile: Cuatro Vientos.

Stevens, J.O. *El Darse Cuenta* (1976). Santiago de Chile: Cuatro Vientos.

_____. *Esto es Gestalt. Colección de Artículos Sobre Terapia Gestáltica* (1993). Santiago de Chile: Cuatro Vientos 9ª edición.

Vázquez, C. y Martín, A. *Cuando Me Encuentro con el Capitán Garfio No Me Engancho* (1983). Madrid: Las mil y una ediciones.

Yalom, I. *El Don de la Terapia* (2003). Buenos Aires: Emecé.

_____. *Guía Breve de Psicoterapia de Grupo* (1996). Barcelona: Paidós.

_____. *Psicoterapia Existencial* (1984). Barcelona: Herder.

Yontef. G. *Proceso y Diálogo en Psicoterapia Gestáltica* (1995). Santiago de Chile: Cuatro Vientos.

Zinker, J. *El Proceso Creativo en Terapia Gestalt* (1980). Buenos Aires: Paidós.

Revistas y otros

Schnake, A. Transferencia y Contratransferencia en Terapia Gestalt (1981). Revista *Acta Psiquiátrica y Psicológica de América Latina*. Vol. XXVII.

López-Yarto, L. "Terapia de grupo o terapia en grupo". *Aperturas psicoanalíticas. Revista Psicoanálisis* (2002). Nº 10. Extraído en 12 de febrero de 2011 de http://www.aperturas.org/articulos.php?id=0000193&a=Terapia-de-grupo-o-terapia-en-grupo.

Made in the USA
Monee, IL
21 October 2026

66405504R20152